U0067300

創意 一點就通

原來 著

目　錄

作者簡介

　　原來，Leo Yuan，1962年生，獅子座O型的男人，台灣省彰化縣人，祖籍福建省林森縣，先祖河南開封府氏。美國長島大學藝術教育碩士，國立台灣師範大學美術研究所博士班肄業，現任華楸生化科技股份有限公司董事長室特助、國立台灣藝術大學視覺傳達設計系講師，曾任名牌食品（悅氏礦泉水）企劃部經理、琉園水晶博物館館長。屏師71級校友，自1984年任職小學教師時，開始從事創造思考教學，1991年起在各級學校、企業和中國生產力中心講授創造力及行銷廣告企劃課程。

　　有關創造力的著作有：《創意是快樂的遊戲》、《如何啟發聯想力》、《簡單有趣學創意》、《親子腦力激盪》6冊、《36計教學法》、《365天創意訓練遊戲》2冊、《腦力激盪術徹底應用》等書；有關玻璃方面著作有《中國玻璃工藝》乙書。作者聯絡資料如下：

　　個人網頁：leoyuan.idv.tw

　　部落格：www.wretch.cc/blog/leoyuan85

　　電子信箱：leoyuan@ms4.hinet.net

簡單延伸無限，簡單更是多樣

創意教學，點一下就通

陳龍安

創意本無法，許多創意人的創意源頭都是發之於心，成之於悟；無法亦法，我們試著模仿學習及活用激發創意的簡單策略方法。

創意，是人類異於萬物所擁有最珍貴的智能。創意教學，是人類得以站在前人的肩膀上，眺望並觸及更遠地方的必要工具。要讓學生「樂在其中，才會成功」，這是創意教學的重要原則。多年來，我一直倡導創意3Q教學，就是讓學生充實基本智能（IQ）、增進人際調適情緒（EQ），又能激發創意（CQ），更重要的是能心存感恩（3Q=Thank You）。我們希望孩子對己能克制，對人能感恩，對事能盡力，對物能珍惜。在家心中有父母，長大入學心中有師長，出社會心中有長官；從一顆愛心出發，到四面八方，我們的孩子，一定會健康、快樂、成長、卓越，這也就是

3Q教養的重要理念。

我們應該如何陪孩子走這一條人生最重要的成長道路？除了IQ智商的發展之外，其實，人與人互動的EQ情緒處理能力也很重要，它代表了一個人的人脈網絡的建立與維繫能力；另外，在目前多元媒體資訊快速變化的環境，第三個CQ創造發展能力就顯得更為重要，它是解決問題、開創新局的關鍵性因素，它也是人類生活與科技得以一日千里的重要角色。

許多傑出的成功者，他們都擁有這三種特質，像美國資優教育大師任故里（Renzullli）研究發現，卓越者通常都具備三高：高智力（一般水準以上）、高毅力（專注及投入的程度）及高創力（創新，創意）；很有名的自我心理學者馬斯洛（Maslow）用曲塑法研究成名的領袖及傑出科學家，包括林肯、愛因斯坦，也都擁有這些特質。

創意教學要有效率，要生動活潑，學生學習有興趣，教學的效果自然會讓人滿意。我認識原來已經超過二十年了，這些年我只要看到他，他總是以一種熱忱富有活力的態度，向企業界學員及學校學生講解創造力，他自己對創造力有一個獨到的切入方式，有時候我請他幫我上課，我發現學員的反應熱絡，可見原來的創意教學是生動活潑的，能激發學生對創意的學習興趣。

這本書應該是原來寫過最簡單的書，其實，從簡單的觀念切

入，可以將創意說得更透澈；這方面，原來做到了一些，他從磚頭引起話題，說明變通力在創意方面的重要性，並引導讀者了解變通力如何應用在生活周遭的器具改善及發明上；結合思維也是創造思考重要的開發技巧，原來舉出大量的實例，實際帶領讀者感受結合技巧所開發的新鮮產品，從中直接領悟這個奇妙思維。就從變通和結合這兩個簡單的原理，逐步去了解創造力各個理論與技巧，這是一個可以完整了解創造力的好途徑。

我欣賞原來設計一套讓家長引導孩子產生創意思維的方法，他以十二個問題讓家長與孩子對話，從中激發孩子的想像力，光是一個碗，應用十二個問題提問，我粗算一下，竟然可以產生超過一百個以上的想法！這樣簡單的提問方式，是家長與孩子互動的最佳方式。

原來也提供了教育界另一套創意教學的作業，這些作業內容匯集了文字創意、動植物型態創意、生活用具發明創意、簡單物品編造故事、結合字詞創新想法等等，一些創意的技巧幾乎全部用上，作業內容全部落實在日常生活事物上，學生比較會樂於思考創造，這對於創意思考教師而言，是一項可以充分利用的實用教材。

很高興看到原來出版這一套簡單又實用的創意書，希望這本書能夠讓學生「樂在其中」，每一位讀者都能夠領悟到創意原理，

進而開創更美好的人生。別忘了,還要心存感恩(3Q=Thank You),我們自己也要和孩子一樣,健康、快樂、成長、卓越。

陳龍安,現任實踐大學企業創新與創業管理研究所及家庭教育與兒童發展研究所教授、中華創造學會理事長、台北市立教育大學創造思考與資賦優異教育研究所、國立台北護理學院醫護教育研究所兼任教授

以創意法則實踐你的想像

其實「創意一點就通」

潘裕豐

研究創意十餘年，翻閱了無數與創意相關的書籍，也接觸過許許多多的創意研究學者，一直覺得研究創意是一件很快樂的事。因為創意書籍提供了我許多的創意知識、技術；而創意人則是我的創意典範，他們是獨特的、積極的、樂觀的、心胸寬闊的、富有想像力的一群人，和他們在一起也讓我感到自己必須要有想像力和勇於接受挑戰。

但是談到創意實踐的功夫，則非創意實作者莫屬了，原來對於創意的執著，除了他有許多的想法外，他也是個真實的創意實踐者。閱讀他的書可以發現他運用了簡易的例子使內容淺顯易懂，但是又具有啟發性。尤其是對於有意學習創意的人而言，從他的書中所引用的例子和方法去延伸，可以使自己的點子變得更流暢，想像更具有變通性，對於問題解決也就比較不會有害怕的

心理障礙，更能面對問題，勇於提出解決問題的點子和想法，這也是我覺得創意者最重要的人格特質之一。

《創意一點就通》，內容運用了創意技巧上的通則，以及原來所構思的創意寶圖技巧，包括了擴散、變通、結合、腦力激盪、動詞運用、形容詞運用，透過這技巧的運用，使得許多的生活事務、東西產生改變、轉換甚至是創新。書中不說贅話，每寫完一個想法就以實例或圖像說明，可謂簡明易知，讀者若能輔以創造心理學的探討，或許更能了解書中意涵，但是就實用的生活創意而言，這本書就有其應用的價值。

本書主文之後有兩則附錄，一則是提供家長的「家長引導孩子創意思維的指導手冊」，有十二個可以隨時提問的問題，讓家長在與孩子互動時可以增加孩子的問題，進而增強其思考力。另一附錄則是為老師準備的「教師專用的創意教學作業二十單元」，提供老師二十個創意教學作業單元，教師若有意實施創意思考教學也可加以應用。

原來兄原是小學老師出身，具有多年教學經驗，又在企業界從事創意工作多年，所從事的工作涵蓋了平面廣告設計、產品創意、教學創意，甚至是電視廣告等創作。也常常受邀講授創意，我多次邀請他擔任講座，每次演講，學生聽完其講授的課程後，總會給予非常滿意的回饋反應。對於創意他有他的堅持和獨到之

處，問題解決過程中時常需要應用創意，但是由於我們時常受限於經驗和慣性，常常無法突破問題或是了無新意，思想的流暢和變通能力就變得很關鍵，如果我們能善加應用這本書中的創意策略和技巧，相信會讓我們在面對問題或需要發想時更有點子和創意，也就不失我為原來兄為文推薦的本意。

潘裕豐

潘裕豐，國立台灣師範大學創造力發展碩士班副教授、特殊教育學系副教授、中華創造學會常務理事

自序

　　這是史上講創意最簡單的一本書，可能也是最沒有收藏價值的書，因為一下子就看完頓悟了；可能也是最有收藏價值的書，因為少有人這麼講創意，而且一下子就讓你搞懂了。

　　創意，從我對創造力感興趣開始，那時候應該是1980年左右，因為向李仲生老師修習現代藝術，由於實際繪畫的體驗，就對於腦力激發創意感興趣；1984年在小學教書的同時，開始應用一些創意技巧在教學上，一直到現在，時常在學校、企業、公務機關講授創造力；已經二十幾年了，創意對我來說已經是畢生使命感，這輩子會一直去做的事情。

　　我的創造力研究推廣的經驗，不太像是學院派或學術傾向的，應該算是實務面居多吧！

　　在企業界講授創造力的壓力比較大，如果授課後講師評分的分數不高，下次就沒有機會了，因為承攬講課的訓練機構也不會再向客戶推銷你的課程，這是很現實的，但也是可以激發你的課程必須更吸引人的實質動力與壓力。

　　讓我有決定性、關鍵性影響的講課經驗，就是在十幾年前中國生產力中心為一家企業舉辦活力營，在劍湖山世界連續四梯次，四個週六上午都到那裡講創造力，但是我面對的學員是全階層的，從小學畢業到研究所程度，從二十歲到六十歲，要向他們講授創造力，同時要讓他們擁有創造力，或是對創造力不懼怕，目標觀眾群非常模糊，當時我沒有任何警覺。第一次我講的大家都聽不懂，學員反應不佳，這下子我的壓力很大，著實努力地想了好幾天，更改了大部分的課程與教法，第二次以後就沒有任何負面的評價了。

　　往後幾年的創造力教學，我就以當時修正的課程內容，不斷地根據各行各業學員聽課的反應、訴求的內容一直修正，越修越簡單，一聽就懂。再過幾年的試煉，現在我已經做出三至六小時的標準教材了；以相反觀點來看，創意對我來說滿無聊的，因為每一場幾乎都講一樣的話。

　　長期以來，我一直覺得很難將我體悟的創意原理寫出來，這種簡單的表達方式很難書面化，有一天，我半強迫地逼迫自己以書面表達出來看看，還好，差強人意。

　　附錄的兩份資料，一是為家長設計的，一是為老師設計的，這也是滿「原來式」的作風。

　　我的觀念很簡單，設身處地去思考就是了，我也是有兩位女

兒的家長，我也無法去拿一些教材和孩子互動，因為很忙也很懶，唯一可以動的就是一張嘴，我可以隨時隨地和女兒互動，去哪裡玩都可以溝通與思考。所以，當我設計家長要引導小孩子創造力思考的「教材」時，我會選擇採用十二句問話的方式，讓家長得以了解與應用，我個人覺得這樣最簡單，也最實用。

　　至於教師使用的創意作業，一方面是提供給教師另一種教材做參考，另一方面也是為自己著想，以後就不必再花腦筋設計作業了。

　　感謝柏彣和亞珍的巧手，趕工繪製這麼多的插圖，讓這本書更有看頭！

　　希望這本書能夠帶給你一些在創意上的領悟，並且能夠改善你的工作或生活。

　　還有，祝大家平安健康！

原　來　謹識
2009年8月5日於桃園蘆竹

一個簡單的**磚頭**，可以做哪些用途？

先不要看下一頁，

在你的腦海中思考搜尋一下，能夠浮出多少個用途？

這樣學習的效果比較好，

等你翻到下一頁的時候，你就會有頓悟的感覺與快感。

再努力想想。

◯ 想一想，壞人要打你，你怎麼辦？

◯ 如果你是畫家的話？

◯ 如果你在教室要教學生數學或社會課？

◯ 如果你在實驗室裡面工作？

◯ 如果你是體育老師？

◯ 如果你是廚師？

◯ 如果你喜歡野外旅行？

◯ 如果你是氣功大師？

◯ 如果你陪小孩子去遊樂場？

◯ 如果你要去參加田徑賽？

◯ 如果你要設計一道圍牆？

◯ 如果你家裡養魚？

◯ 如果你看到路面積水？

任何一個地點，任何一種行業的人士，磚頭應該都會有某種程度的效用。

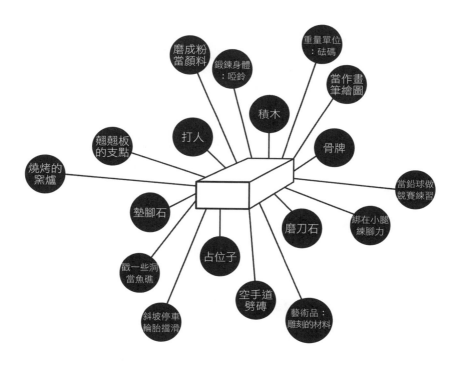

你看吧！磚頭除了蓋房子以外，還有這麼多的用途。

你只要從你曾經到過的地點去著想,例如:停車場、廁所、教室、山坡等等,以及你曾經見過的任何行業的人士,例如:布袋戲師傅、音樂家、氣功大師、攝影師、船長、鐵板燒廚師等等,你應該就會有很多想法了。

- ⊃ 想到壞人要打你,你也可以拿磚頭打他。
- ⊃ 車子被拖吊,想要在路面上寫車號,拿磚頭當畫筆。
- ⊃ 剛好要畫圖,缺了橙紅色,把磚頭磨成粉當顏料。
- ⊃ 拿些磚頭當積木,就可以開始教導學生了。
- ⊃ 日本人經常表演的骨牌,現在應該可以使用磚頭了。
- ⊃ 在實驗室裡,或是要上自然課,所使用的砝碼可否使用磚頭代替?
- ⊃ 每天要鍛鍊身體,應該可以拿磚頭來練。
- ⊃ 長期以來,磚頭都被用來砌成燒烤的窯爐。
- ⊃ 磚頭表面粗粗的,可以充作磨刀石。
- ⊃ 到了舊金山,在斜坡路邊要停車,擔心車子滑落,使用在輪胎擋滑。
- ⊃ 最氣的就是占用路邊停車位的路霸,我看到他們拿磚頭占位子。
- ⊃ 空手道大師,經常拿磚頭表演劈磚。
- ⊃ 小孩子常去的遊樂場,看到翹翹板,就可以想磚頭是否也

可以當支點。

⊃ 在運動場上，磚頭也可以充當鉛球練習。

⊃ 聽長輩說練輕功的時候，小腿要綁重物，那磚頭應該也可以綁在小腿。

⊃ 藝術家也可以拿磚頭雕刻，創作一些藝術品。

⊃ 家裡客廳的魚缸，小魚晚上要棲息，需要魚礁，應該可以將磚頭戳一些洞當魚礁。

⊃ 下過雨的路面，有些地方會積水，這時候磚頭就可以派上

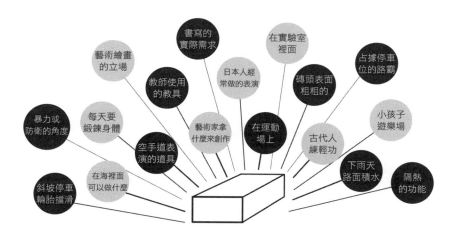

用場了,當墊腳石。

只要有場地情境,只要想到人物,磚頭都有機會扮演一定的角色。

所以,從不同的職業身分、工作場地、家裡各角落、世界各地不同的環境與氣候、一天當中的各種活動、各年齡層的教育活動等,仔細在腦中搜尋你曾經到過的地點、見過的人物,磚頭應該都可以為其所用。

➲ 如果你是音樂家,或是樂器製造商,磚頭可以做什麼?

➲ 如果你是設計師,委託做有創意的圍牆,你會利用磚頭長方形的形狀,排成什麼樣子?

➲ 如果你是金光黨,你可以拿磚頭做什麼?

➲ 如果你在沼澤區遇到鱷魚,手上的磚頭可以做什麼?

➲ 如果你是中醫師,磚頭可以做什麼?

➲ 如果你想要將釘子釘入木板,磚頭可以拿來當什麼?

➲ 如果你是算命師,磚頭可以拿來做什麼?

➲ 如果你走到廁所,看到馬桶,磚頭可以當作什麼用途?

➲ 如果你在戶外紮營,搭帳篷,磚頭可以做什麼?

➲ 如果你是清潔工,磚頭可以做怎樣的處理,可以做什麼?

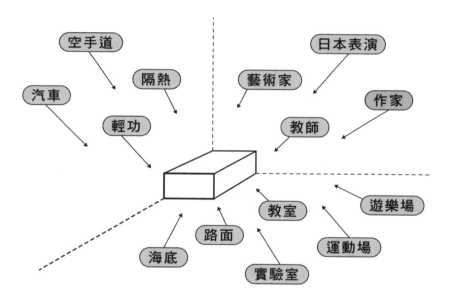

變通力

以上所敘述的，就是創意的第一個重要觀念，也就是變通力。

你的腦筋會不斷地轉換場景、人物，改變角度看磚頭，一下子，你就想到一些用途了。

這樣不斷地變通轉換各個事物的能力，你早就已經具備了，所以，你早就有創造力了。

在社會上一些創新的事情，絕大多數都是變通轉換的結果。

1. 利用手機振動的功能，可以把魚飼料震到水族箱內，所以從外面打電話回家就可以餵魚。

2. 臨時找不到直尺畫直線，隨手拿書本、盒子也可以畫。

3. 汽車前面的引擎室溫度很高，包好番薯放進去烤，剛剛好。

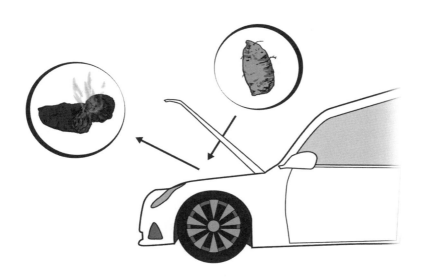

4. 椅子其中一隻腳斷了，先拿同等高度的箱子過來頂著，暫時還可以坐。

5. 鄉下地區資源與經費缺乏，老師沒有錢買紙筆，拿樹枝在沙地上畫，直接就可以教學了。

6. 拿水管或陶壺出來，運用笛子洞孔音調不同的設計，穿幾個洞，也可以發出樂音。

7. 同樣的道理，很會玩扯鈴的專家，拿鍋子的蓋子也可以玩。

8. 三秒膠和強力瞬間膠，除了黏東西之外，還可以做好多事情，例如：製造陷阱，用以捕捉蟑螂等害蟲。

9. 光是一個凱蒂貓偶像，就可以有五花八門的應用──公仔、文具用品、汽車，甚至餐盒菜餚的設計。

10. 太陽能技術，可以發電、做熱水器，也可以做保溫瓶，或是通風的電扇。

11. 一個簡單的音樂，可以當手機的音樂鬧鈴，也可以做音樂治療，還可以一邊吹風扇，一邊聽音樂。

12. 水變成冰，體積會變大，這樣的現象可以應用在模具上，例如：將水灌在圓形的金屬管子內，外面再套上五角形的模型，放在冷凍庫內。本來是圓形的管子，因為裡面水變成冰，產生脹大的壓力，就會被擠壓成五角形的管子。

13. 相反地，冰變成水，高度自然降低，所以如果我們想將重

一噸的貨物搬到高度一公尺底下的地板上,這時我們可以搬一塊高度一公尺的冰,將貨物先推到冰上,待其溶解後,貨物自然降到地上了。

14. 拿到一張很好的牛皮,當然是先做高檔的皮包,剩下的邊料,就可以做鞋子,再剩下的邊料,總可以做名片夾或鈕釦吧!

15. 嬰兒穿的尿片,窮其科技開發了吸水性、彈性、柔軟舒適性等功能,全部都可以套用在成人紙尿褲。

16. 北京天壇巨大的屋頂完全用木樑架撐,沒有使用一根釘子,這樣的結構設計應該可以用到現代建築,甚至書架等家具上。

17. 記憶合金,達到一定的溫度就自然回復先前的形狀,除了一些工程接合管線可應用以外,也可以將這樣的運作原理,做記憶型假髮、記憶型胸罩、記憶型鏡框等等。

18. 可以防攝氏一千度火焰的阻燃布,除了應用在消防隊員的身上之外,也可以應用到電子工廠高溫管線的濾網,甚至家庭主婦的圍裙。

19. 每天照的鏡子,大家都知道可以反光,如果在暗室將一些鏡子做適當的安排,就可以在特定的時間內,太陽光照射進來,使得暗室一片光亮。

20. 沒有任何刺激性的嬰兒洗髮精,應該也是最適合成人的洗

髮精。

　　隨手列舉上述二十個變通的案例，可見你也可以這麼做！

　　如果你會使用兩、三種語言，含地區性的方言，你也會善於轉換語言系統，甚至混合使用；如果你很有幽默感，這就表示你很會利用同音同義等語言遊戲，製造出一些笑果，這些都是你天生具有的變通轉換能力。

　　創意的第一種能力，變通轉換，你早已經具備了。

結合思維

創意的第二個重要觀念就是結合思維。

圓形和鋸子結合可以成為什麼？就是圓形的鋸子，這是最初在腦力激盪會議想出的兩個基本概念，經過檢討修正後，就形成了新的割草機——一台圓形鋸子的方便機器。

手套和穴道圖結合，直接將穴道圖印刷在手套上，或是襪子上，就可以按圖索驥，直接在自己最需要改善身體的穴道上按摩，這樣的結合具有實際的消費者利益。

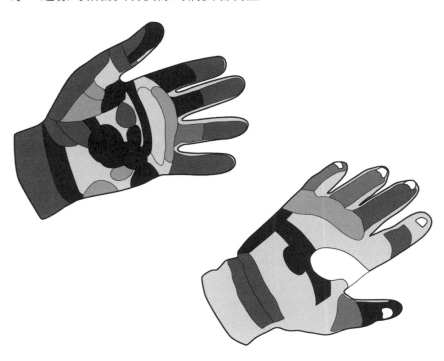

小時候經常玩的木馬，可以再結合其他的動物嗎？兔子可不可以？又產生了一個新產品了。

　　結合的方式很多，你可以思考外形結合其他的形狀，或是替換某些功能，還是增加某些零件，甚至整合兩大物體，你也可以汰弱補強，或是相乘效果。

$$\square + \bigcirc = \text{(方中有圓)} \qquad \square + \bigcirc = \text{(半圓形)}$$

$$\bigcirc + \square = \text{(圓方結合)} \qquad \bigcirc + \square = \text{(四角帶圓)}$$

　　結合的方法真的很簡單，你早就會了，現在只是提醒你而已。

　　只要你學著把變通轉換的觀念應用在這裡，隨時想其他的物品、哲學概念、具有消費者利益的功能等等，施以程度不等的結合方式，一個新鮮的創意就迸出來了。

1. 如果你把一張鈔票摺成一朵花，這也是結合想法。
2. 試著把辣椒做成一串項鍊，給辣妹戴吧！

3. 如果我們把西瓜做成一顆顆的氣球呢？

4. 一整面的圍牆，其實是一根根長長的彩色水管排列出來的。

5. 胡椒罐、糖罐、鹽罐結合花瓶造型，使得全部調味粉罐放上去以後，看起來就像一些花插在花瓶上。

6. 將圓規應用在手錶設計上，會有什麼樣的手錶指針型式？（想想看，如果把圓規放在錶面上，那麼，數字應該如何調整？）

7. 如果把廣告或藝術品也設計在手錶上，可以利用半面做藝術表現，另外半面做時針指示。

8. 將世界名畫應用在花瓶上，或是將名畫上的人物或物品表現立體化，應用在花瓶上。

9. 電腦和電風扇結合，可以將電腦內建的散熱風扇功能擴大，打電腦還滿涼爽的。

10. 巧克力加上玩具，就成了健達出奇蛋。

11. 尿片結合褲子的概念，就成了將尿片隱藏在褲子內的訓練褲，給兩歲以上的小孩穿。

12. 將紙帶、輪胎等物品的形狀或功能應用在椅子上，應該有造型特殊的椅子出現。

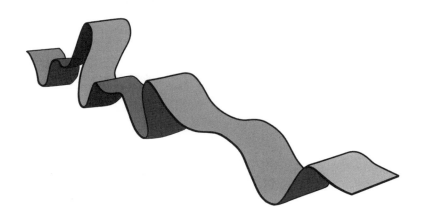

13. 如果將小提琴優雅的造型曲線設計在桌上型檯燈上，檯燈的感覺應該很音樂性。

14. 球鞋結合汽車會如何？是球鞋形狀的汽車？還是利用球鞋彈性緩衝的功能，設計汽車的底盤？

15. 毛毛蟲一節一節的形狀，剛好可以設計成CD唱盤的存放架。

16. 胡椒罐、糖罐、鹽罐結合乾隆皇帝的造型，就形成了創意家用品呢？

17. 集列印、傳真、掃描、影印的多功能事務機，這樣的設計你也會啊！

18. 獸形印章、十二生肖印章，甚至十二生肖琉璃印章，就產生了一些新產品了。

19. 凱蒂貓鬧鐘，可能是小孩的最愛。

20. 麻婆豆腐包子、北京烤鴨包子、三杯雞包子，有何不可？

所以，創意的基本原理就是「變通」與「結合」。

(1)**變通**：從A的立場去查看C、D、E、F等處；相對地，你也可以從1、2、3等地方檢視A。

(2)**結合**：就是A+B。

創意就是變通和結合不斷地交互作用，沒有絕對的變通或結合，都是混在一起應用的。

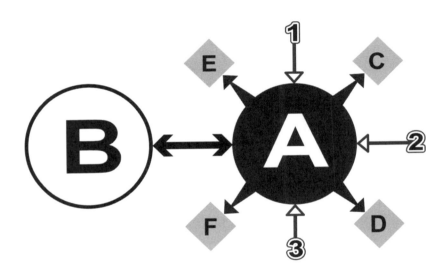

　　凡事都幾乎跳脫不出這個簡單的原理，當然，如果我們從這樣的創意原理檢視各個主要的創意開發技巧，就很容易了解它們的運作原理，讓我們來看你曾經聽過或讀過的一些創意開發知識吧！

　　首先從具有創造性思考的人來檢視，從外在分析其人格特質，學者的研究如下，都大同小異：

巴隆和哈林頓（Barron & Harrington, 1981）	謝克洛士（Shallcross, 1981）	
1. 重視經驗中美的品質	1. 對經驗的開放性	12. 偏愛複雜性
2. 寬廣的興趣	2. 具獨立性	13. 具目標導向
3. 喜歡複雜的工作	3. 具自信心	14. 較具內控的特質
4. 活力充沛	4. 有冒險的意願	15. 具獨創性
5. 具有充分的獨立判斷性	5. 幽默感，喜歡參與智性活動	16. 自我依賴性
6. 具有高度自主性	6. 具有對試驗的振奮性、享受感	17. 具堅持力
7. 具直覺性	7. 對問題或關鍵具敏感性	18. 具好奇心
8. 對自己有充分的信心	8. 不怕失敗	19. 具觀察力
9. 對自己的內在矛盾和價值衝突具有解決和調適的能力	9. 反因循或因襲	20. 自我肯定
	10. 具個人勇氣	21. 對亂序的接受性
	11. 變通性	22. 具高度動機
		23. 對不確定的忍受性
		24. 求新的傾向

你有沒有發現到，這些人格特質的背後，就是變通力和結合思維。

當你對這件事情感興趣，你就會顯得活力充沛，做了一段時間，有了些許的成果，對自己有充分的信心，因為你有寬廣的興趣，並喜歡複雜的工作，你的想法與反應自然靈活變通，在眾多的個案處理中，你很會利用結合思維，去處理自己的內在矛盾和價值衝突，所有的觀念與習慣的養成，所有的個性趨向，都指向你應該要慢慢培養具備「變通」和「結合」兩大思維。

如果你是教師或家長，如果你希望你的孩子也能夠成為創意人，你就知道如何透過環境的塑造和教材的設計，讓你的孩子也養成具有創意思維與解決問題的能力。

一般而言，我們認為兒童的創造力特徵如下：

好奇、獨立、堅毅、彈性、興趣廣泛、有創意、幽默、好問、精力充沛、敏覺、想像力生動活潑。

這些特徵和上述人格特質都一樣，當孩子具有變通和結合的思維，只要讓他感興趣，他就會自主性地、獨立地、精力充沛地、堅毅地完成他想要做的事情。

因為要培養出可以「變通」和「結合」的創意流通的環境，所以在氣氛塑造上，自然會有以下的主張：

1. 建立創造的氣氛，如熱忱、開放合作等。
2. 重視人性，鼓勵學生不要怕犯錯。
3. 給予多種感覺的學習，如校外教學、藝術欣賞等。
4. 減少威權領導，鼓勵獨立性或合作開發。
5. 不強調整齊劃一性，鼓勵獨特性表現。
6. 不預設立場或結構，讓孩子在一開始就跳出觀念框架。
7. 建立自信心。
8. 提供放鬆的環境，以及溫暖支持的愉悅氣氛。

✿ 創意應用技巧

　　隨手列舉的一些創造思考的環境塑造原則，歸根究柢，就是希望孩子能夠在生活環境之中，自然擁有變通和結合的思考能力。

　　接下來檢視各個創造思考的開發技巧，先以最有名的腦力激盪術（brainstorming）為例。腦力激盪術是由奧斯本博士在一九六○年代提出，這個集體討論開發創意的方式，說穿了就是「西方版」的集思廣益，其大致的內容如下：

　　建議的討論人數為十二人，含主席一人，記錄一人。

　　成員最好是來自各行業之不同知識背景的人。

　　討論至多九十分鐘，最後十分鐘越瘋狂越好。

　　集體討論時，要遵循以下四大原則：

　　1. 暫緩評判（criticism is ruled out）。

　　2. 自由聯想（free-wheeling）。

　　3. 數量越多越好（quantity is wanted）。

　　4. 組合改進他人想法（combination & improvement are sought）。

　　從以上的簡述，你應該馬上就可以發現，腦力激盪術其實就是利用別人的立場、經歷、學識、觀點等，給予你完全在你認知之外的變通轉換機會，然後，你就可以利用結合的方法去改良、修正你

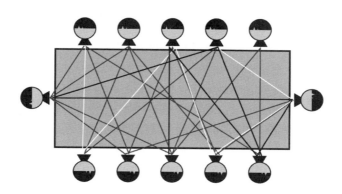

目前的想法。這只是腦力激盪術的前半段，待你們自由奔放出一大堆的想法之後，就開始展開後半段分析整合的工作，冀望能夠挑選出具有可行性的創意想法。

整個討論過程，就是一連串變通、結合的「化學反應」。

根據實際狀況，集體討論的型式就會有所變化。

如果人數過多，就可以分為每六個人一組，只進行六分鐘的討論，在適當的人數與時間壓力下，期望激發出更有趣的想法，這就是六六討論法。型式雖然不同，激發創意的本質不變。

甚至根據國情的不同，怕在討論中有些不雅、不禮貌的批評聲音出現，就出現了635默寫式的腦力激盪術，六個人一組，每個人必須將想法分別寫在三張卡片上，時間只有五分鐘，每隔五分鐘傳遞一次，所以三十分鐘一個循環，至少可以得到一百零八個想法。

腦力激盪術的目的，就是希望透過他人的知識背景，激發你變通與結合的想法，你就可以根據你當時所處的環境，做最佳的討論型式與組合。

(1)**隨機字詞**：是另一個經常用到的創意激發方法，它就是利用外在的、毫無預警的字詞出現，強迫地利用外在事物做變通思考，然後在這個字詞身上開始聯想，所想像出來的其他語詞，再想辦法與你的案子結合，也是一種變通轉換的機會。

利用外在事物強迫自己變通的方式很多，可以翻閱百科全書、查閱成語字典，或是看雋永名句，你也可以在腦力激盪術的討論桌上放置許多雜誌，各行各業都有，以收變通之效。

例如：你想要開發一個檯燈新產品，你隨手翻閱任何刊物，剛好看到「銅鑼」，你聯想到什麼？

1. 銅鑼，聲音很大，震耳欲聾。在銅鑼檯燈上設置鬧鐘，設定時間一到，銅鑼就闔上，燈就關了，準時提醒學生應該放下書本，去休息或運動一下。

2. 銅鑼，金屬兩片鏗鏘聲，打開就有亮光，闔上就收起來，兩片金屬板的檯燈。

3. 銅鑼，圓形開闔。橫躺著，上下開闔；蓋上時，和桌面平齊；向上開啟時，上面這一片裡面裝設的燈就亮了。

(2)**屬性列舉法**：也是容易上手的創意激發方法，從手頭上待開發的案子開始著想，該事物的各個屬性，大小、外形、質感、密度、硬度、成分、顏色等各方面，再聯想變通一些想法，產生眾多字詞之後，再以結合的方式想辦法套用在你想的案子裡面。

隨機字詞和屬性列舉法可以相互「支援合作」，所得到的想法將會更多元化。

以相機為例，你想開發新款相機，就隨機選一個詞，「冰淇淋」，將冰淇淋以屬性列舉法列出眾多語詞或情境，再與相機結合，進行更延伸、更具有想像力的聯想，通常都會有很棒的結果。

冰淇淋的屬性列舉法	根據左邊的感覺， 開發新款式、新感覺的相機
冷冰冰，爽口好吃，舒服透了。	相機的外表材料，其觸摸的質感要很舒服。
有巧克力、香檳葡萄、薄荷等美味。	根據使用者的個性與習慣，做適度的零件調配。
在冰淇淋上面灑一些核桃。	相機的皮帶要採用知名品牌的設計與搭配。
顏色五花八門，鮮艷誘人產生食慾。	相機的護套請時裝設計師設計，跟上流行。
下面的圓筒餅乾承載著大朵冰淇淋。	一個能夠裝進相機、底片、鏡頭的工作旅行袋。
可以一邊走路，一邊吃冰淇淋。	一隻手就可以操作的相機。
需要排隊，好不容易排到了，真好吃。	訂單生產，訂購到交貨要一段時間。
在任何一家商店都可以買到相同的品質。	全球同步銷售同一款式的相機。

　　以上的例子，你應該可以充分理解「變通」與「結合」交互
運作的情況，你可以根據你既有的思考習慣，去選擇適合的思考
工具，無論哪一種技巧都沒有關係，因為這全部都是變通與結合
的另一種型式而已。

(3)**仿生學**：蒼蠅的眼睛結構、鯊魚快速移動的皮膚構造、豹的爪子等，利用觀察自然萬物的某些特點，研究牠們的運作原理，用以開發自己正在處理的案子；這就是利用自然萬物強迫做變通思考，並且將其運作原理結合於處理的案子上。

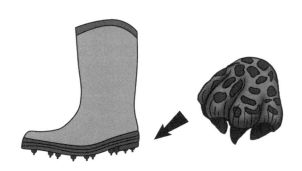

(4)**觀察思考法**：在街上逛街、到博物館欣賞文物等，經常會有一些想法出現，這也是利用外在的事物、立場、身分、觀點強迫自己做變通思考，再將觀察所得的想法結合於自己的案子上。

(5)**缺點列舉法**：把不方便、不好用的缺點全部列舉出來，這個方法和屬性列舉法完全一樣，只不過是列舉缺點而已，順勢做出變通的各種想法，再想辦法改善即是。

(6)**類比法**：使用多種類比方式產生想法，又可分為**擬人類比法**，將所有物件擬人化；**直接類比法**，找出和該物件相類似的自

然界事物；**象徵類比法**，以抽象概念或感情思想描述該物件；**因果類比法**，從這個發生的原因想像推演到下一個發展結果；**對稱類比法**，想一想有沒有相對應的觀念或事物；**綜合類比法**，整體看來它和哪一種事物相似？這樣的類比法也是變通的方式，利用各種不同的思考途徑強迫自己做變通思考。

開發創意的觸媒

了解創意的開發原理——變通與結合，接下來就要介紹創意開發時所使用的「觸媒」了。

最重要的觸媒就是「動詞」，這是可以改變物件形狀及其他狀態的工具。

奧斯本博士應該是最早提出動詞檢核表的人，這個動詞檢核表可以在腦力激盪會議討論時，拿出來思考應用，說明如下：

1. 用來做其他用途？

如何舊法新用？如果修正一下，能做其他用途嗎？

2. 改造？

有和這構想類似的想法嗎？這構想能否使你聯想到其他想法？過去的經驗裡，是否出現平行的想法？我能否把它們模仿過來？我能模仿誰？

3. 修改？

扭一下如何？改變意義、顏色、動作、聲音、氣味、型式、形狀如何？或其他的改變？

4. 放大？

增加些什麼？把時間增長？頻率加快？更強？更高？更長？更厚？額外的價值？額外的元素？複製？增多？誇大？

5. 縮小？

抽取些什麼？更小？更濃？縮影？更低？更短？更輕？省略？流線？撕裂開？保守地說？

6. 替換？

還有誰可以代替？什麼可以代替？其他成分？其他材料？其他過程？其他能源？其他地點？其他方法？其他語氣？

7. 重新安排？

可以互相交換的成分？其他模式？其他設計？其他順序？倒轉因果關係？改變步調？改變預定計畫？

8. 調換？

把肯定與否定對換？對立的事物互換如何？倒轉呢？上下顛倒？角色互換？換雙鞋子？換張桌子？轉另一邊的臉頰？

9. 組合？

攪和、混合、分類、整合如何？把小單位組合起來呢？把目標組合起來？把用途組合起來？把想法組合起來？

多湖輝也提出了十五個動詞,這些動詞也可以幫助你做有效的創意思考。

1. 累積(pile up)

將各種要素或各種技巧累積,就可以超越日常性或常識的範圍。例如:聲控照相機。

2. 添加(add)

在任何一種材料添加過去未曾想到過的機能。例如:Duck公司將機器人添加視覺感應器;東京銀座的木材屋在紅豆麵包上做個肚臍。

3. 歸納(organize)

將各要素歸納,以整體或分組觀之。例如:白天電視節目播出一些新聞、生活資訊,這在以前並未被採納。

4. 聯想(connect)

將令人覺得意外的事物連接起來,產生奇特構想。例如:在烤麵包機旁邊裝捕鼠器→麵包屑招惹老鼠→不會積存麵包屑的烤麵包機。

5. 組合(combine)

把兩種東西組合起來,研究一種新的、具有附加價值的開發手法。例如:畫家海曼結合橡皮擦及鉛筆;褲襪及收音機鬧鐘的

發明都是如此。

6. 分開（divide）

使用分開來推翻兩者之間看不見的因果關係。例如：分開電影拍攝情節、分段錄音、建築工地工程車的進貨班次。

7. 汰略（omit）

分類後，汰略過剩的情報。例如：暢銷的凱蒂貓是一隻繫紅色蝴蝶結、擁有六根鬍子的白色小貓，但沒有畫上嘴巴，在任何情況下，主人都可對牠「移情」。

8. 焦點（focus）

把焦點縮小至正確的目標，以擴大思考領域。例如：以廉價為訴求的餐廳、打火機。

9. 顛倒（reverse）

將時間、流程等顛倒過來。例如：(1)以前冬天吃鰻魚→現在天氣熱→所以缺少精力→更要吃鰻魚；(2)以前機車快速度→為男性設計的機型→現在重視女性消費者→可替代腳踏車→設計新款式→產生本田女用機車系列。

10. 錯開（slide）

面臨某一問題時，錯開視點或立場去看，經常獲得意想之外的暗示。例如：以孩子身高角度拍攝街頭種種，凸顯出成人考慮的不周到。

11. 替換（interchange）

以「窮則變、變則通」的理念，運用「機能轉變」的手法，常能達到意外的解決方法。例如：「百戰天龍」馬蓋先的拿手戲。

12. 延伸（expand）

將某種因素予以擴大，或將各項思考法則提升至最佳狀態。例如：迪士尼熬夜工作時的良伴──小白鼠，就是日後著名的米老鼠。

13. 迂迴（detour）

有時繞遠路反而比近路更近。例如：日本皮革業者生產後，常先銷往歐洲，再回銷日本，利潤自可加倍。

14. 遊戲（play）

輕鬆的遊戲心態，常可迸出新鮮的創意。例如：新力公司一位技工玩一部小型收音機，去掉喇叭及錄音，主管見了非但不生氣，還詢問用法，技工說邊走邊玩邊聽多自由，新力牌隨身聽於焉誕生了。

15. 回到根本（return to basics）

思考陷入死胡同時，回到原點重新開始。例如：辦案遇到瓶頸時回到現場；廣告企劃人員到現場了解。

俄羅斯創新發明問題解決理論（TRIZ），是由發明家阿特殊列爾（G. Altshuller）所建立，他十四歲發明第一個專利，曾擔任海軍專利審查員，開始TRIZ研究，他熱忱過度，上書史達林談蘇聯改革，被判二十五年勞改，史達林逝世後釋放。他分析二十萬種以上的專利，著有十四本書，數百篇文章，1998年逝世。這是一套有效、高效率及可靠的系統化方法，減少嘗試錯誤的時間，也是俄羅斯科學家創造發明的秘密武器，更是其高科技與美國可以並駕齊驅的幕後最大功臣。

阿特殊列爾發現在不同領域的各式問題背後，存在著某些更基本的共同問題；也就是說，相同的解決方案，一再地被用於解決不同領域、不同時期所發生的問題上，所以TRIZ即在辨認、彙集並有系統地整理各種模式，以增進創新發明的品質與效率。

在每個細技術系統中，其現實的狀況與理想的狀態之間，必然存在著可以改善的差距，同時也產生了矛盾衝突的現象；也可以說，當你想要改善某部分的功能，隨之而來的就是某個部分會惡化，例如你想要提升飛機的升力，所以增加了機翼的面積，但是重量卻增加了，阿特殊列爾從數十萬件的專利發明中，在各式各樣矛盾衝突中找到了解決的模式，並做系統化的整理。

以上述飛機機翼增寬而重量增加的案例而言，阿特殊列爾建議以下四個動詞可能可以解決問題：提煉、移至新的空間、氣壓

或液壓、非對稱；其中，就有一位美國發明家利用氣壓或液壓解決了這個機翼的問題，專利號碼US04648571。

　　所以，阿特殊列爾所提出的四十個動詞，是最實用的思考與創造的動詞，因為它們能夠解決一些難題，請善用之。

	中文動詞	英文動詞	產品舉例
1	分割	segmentation	免削鉛筆、組合式沙發、積木、相容電腦硬體、接起來的花園水管
2	移除	extraction	照X光、無噪音中央真空吸塵系統、機場用鳥聲嚇走小鳥
3	局部品質	local quality	水中焊接、鉛筆加橡皮擦、低噪音長壽命的複層輪胎
4	非對稱性	asymmetry	輪胎不對稱的紋路、不對稱的爐子、可旋轉機身的迷你數位相機
5	組合／合併	combining	高性能筆記型電腦冷卻系統
6	通用／普遍性	universality	太陽能車的電瓶、沙發床、汽車座位、蓄太陽能發光路標
7	堆疊	nested	免削鉛筆、俄羅斯娃娃、CSP封裝
8	配重	counterweight	run-flat輪胎系統、水翼船

（續）

	中文動詞	英文動詞	產品舉例
9	預先抵銷	prior counteraction	加強混合柱、捲線收納器
10	預先作用	prior action	打石膏前放入鋼條、免用電池與電燈泡的手電筒
11	預先緩衝	beforehand cushioning	賽車旁的輪胎稻草、圖書館的磁片、自清式抽油煙機排風罩
12	均衡潛能	equipotentiality	工人在地溝更換汽車引擎機油（不需要昂貴的升降設備）、特殊車輛搬動大水管
13	反向	inversion	搖動研磨機做物件的拋光（拿物件壓在研磨機上面的反向做法）、汽機車的測試運動
14	球體化	spheroidality	利用圓形跑道取代直線、電腦滑鼠球的運動改變為平面
15	動態性	dynamics	自動感光動作的閃光燈
16	部分或過量動作	partial or excessive actions	漆滴在圓柱上，旋轉圓柱
17	移至新的空間	another dimension	凸透鏡讓房間照明提高、垂直放置木頭
18	機械振動	mechanical vibration	超音波振動清洗機械元件、鑄件的振動
19	週期性動作	periodic action	噴水灑草、煙囪冒煙、扳手用力、警示閃燈

（續）

	中文動詞	英文動詞	產品舉例
20	利用動作連續性	continuity of useful action	可正反雙鑽切換的鑽頭設計，不必停下來更換鑽頭
21	急衝	skipping	切割薄的圓塑膠管，高速切下
22	轉變害處為利處	convert harm into benefit	沙用在雪地、高頻率電流會使金屬表面加熱，用作表面處理
23	回饋	feedback	主動避震控制、主動噪音控制
24	媒介	intermediary (mediator)	影印碳粉
25	自我服務	self-service	利用洗手的水流發電、自我發電的感應式水龍頭
26	複製	copying	利用影子量高樓、利用拍照方式量樹頭尺寸
27	丟棄	dispose	紙尿布、紙褲
28	置換機械系統	mechanics substitution	監聽工具機狀態
29	氣壓或液壓構造	pneumatics and hydraulics	載貨車箱內，利用氣泡墊膠膜塞在貨物間空隙，做緩衝材料
30	可撓性薄板或薄膜	flexible shells and thin films	用薄膜分隔不同液體的油罐車

（續）

	中文動詞	英文動詞	產品舉例
31	多孔性材料	porous materials	印表機墨水盒的海綿、人工腎臟
32	改變顏色	color changes	使用透明石膏固定受傷的關節、汽車隔熱紙、電池充電與否
33	均質性	homogeneity	利用氧的蒸汽器熔化固態氧
34	去除且重新產生零件	discarding and recovering	子彈的彈殼、發射衛星的援助筒
35	改變物質特性	transformation of properties	轉換物體之物理、化學狀態
36	相變化	phase transition	波浪狀的管、液態瓦斯
37	熱膨脹	thermal expansion	雙金屬
38	加速氧化	accelerated oxidation	增加爐火，加氧
39	隔絕環境	inert environment	滅火器、啞焊隔離氧
40	複合材料	composite material	飛機、自行車

　　以上四十個動詞已經經過數十萬種專利的檢驗，是「身經百戰」的戰士，在開發創意及解決問題的同時，多去參考這些動詞，應該會有所領悟。

　　TRIZ應用在產品及製程的改善、消除製程上的限制、科技預測、新產品開發、專利迴避和科技領域外的應用方面有顯著的成

果，目前一些社會科學家也嘗試利用TRIZ的系統應用在社會學領域上，其他專業也可一試，或有新解出現。

除了動詞以外，形容詞也是開發創意的觸媒。

對於腦力激盪術而言，形容詞開發和動詞檢核表一樣，可以節省許多開會的時間，因為一些新觀念大多可以使用動詞和形容詞涵蓋，所以如果將形容詞與問題強迫結合的話，其所產生的新感覺也夠讓與會人員討論不已了！因此，主持人可針對問題多準備一些形容詞的卡片，待開會時發給與會成員，以收激盪之效。

形容詞開發術是由作者自行研發出來的，主要是為因應臨時性的新產品動腦會議而研發設計的，通常該會議只有一天的時間，必須在極短的時間內，作者帶領一群未受過創意訓練的技術人員，完成開發新產品概念的使命，在幾經思索及實驗，找出各暢銷商品的獨特感覺，將形容詞做一番整理，才形成現在的面貌。

如果翻開各國歷年的暢銷商品，仔細檢視商品的暢銷因素，除了獨樹一格的功能之外，該商品總是有令人「眼睛一亮」的感覺，例如大哥大給予人便利、即時的感覺；奶茶讓人有順口、舒適感覺；曾經風行一時的「秀逗」糖，由於糖的外衣包覆酸感粉末，讓人在入口的一瞬間感到非常酸，之後才慢慢地享受甜味，所以被當作整人用途，它則充滿著驚奇及「整人」的快感。再以

人們為例，每個人都有個性，而「個性」這個無形的感覺說穿了也只是一個形容詞而已，他很「小氣」、他為人「海派」、她是一位很「憂鬱」的女孩等等，這些描述人的字眼和形容詞簡直脫不了關係；而產品和人一樣，產品也有個性，也必須有足以吸引人的「個性」，才有機會列入暢銷之林。

　　企業也有個性，不管是服務業抑或是製造業，總讓人對它有種感覺，當然，這種感覺也可稱為企業形象。便利商店就像「鼠」一樣，到處流竄，到處都看得到；快遞業就好像「豹」，爆發力強，迅速到達目的地；卡車業就好像「牛」，載重力大，任勞任怨。因此，如果能掌握形容詞，幾乎就能操控「暢銷」；同時創造一個有個性的商品，其存活率總比沒有個性的商品來得大。

　　這也就是所謂的「感性商品學」，也是企業形象的一種；在感性商品學的範疇裡，大都討論如何以視覺、味覺、嗅覺、觸覺及聽覺的完善設計，讓消費者不知不覺地喜愛上這個產品，在感性方面致勝，幾乎可以掌握最大的市場占有率；然而作者認為在感性商品學裡面，應該再加上「形容詞」這個要因，因為形容詞可以協助營造一種整體的感覺，而這個感覺也是以形容詞完全涵蓋。之前所述的企業形象也是如此，企業極力營造的形象，說穿了就是一個形容詞、一個感覺。

🐾 運用形容詞發想創意

只要將自己正在發展的企劃案、小說情節、封面設計，或是產品企劃，在它們的前頭加個形容詞，感覺馬上不一樣，同時心中也會有新的感覺，例如現在隨意舉「女性的」、「警覺的」、「裸體的」等形容詞，再加在音響這個產品上，則變成「女性的音響」、「警覺的音響」、「裸體的音響」了。

- ➲ 女性的音響→造型女性化，音響音質女性化，外觀色彩女性化。

- ➲ 警覺的音響→具防盜效果的音響，對音質或唱片品質敏感的音響。

- ➲ 裸體的音響→完全透明，內部機件看得一清二楚，機殼表面光滑細緻高級感。

如果你硬生生地將形容詞原樣套用，我也不會反對，只不過覺得滿可惜的，因為你無形中將會失去更多元、更周延的想法。其實你可以更有彈性地運用這些形容詞，可以視它們為新方向的開端，而以非常有效率、非常經濟的方式活用。

以下列舉活用形容詞的原則與方法，提供給你做發展創意的參考，你可以將本章節最後所附的形容詞再加以延伸，讓你的想法更豐富。

1. 以同義字或同音字延伸想法

　　將該形容詞的關鍵字以其同義或同音字延伸，常可以另外開發出一些新的想法，例如「以簡易符號告知的」形容詞，其中的「符號」兩字可以聯想為「記號」、「圖形」等同義字取代，或以「福號」、「伏號」等同音字代替，而「告知」這兩個字也可以用「通知」、「記錄」等取代，如此一來，我們將可以再發展至少六個新方向，列舉如下：

　　➲ 以簡易記號告知的→用簡單的記號表示。

　　➲ 以簡易圖形告知的→畫一些簡單的圖畫表示。

　　➲ 以簡易福號告知的→充滿福相、福氣的圖畫。

　　➲ 以簡易伏號告知的→
　　　　潛伏的圖畫，必須經
　　　　過一番操作手續才能
　　　　看到。

　　➲ 以簡易符號通知的→
　　　　以人聲通知。

　　➲ 以簡易符號記錄的→
　　　　以書面記錄。

2. 將其中的關鍵字替換其他的字眼

只要將關鍵字改為其他的字，就可以再發展出無數的新想法。

以「隨時保健的」形容詞為例，我們可將「保健」這個關鍵字改為「保養」、「警示」、「提醒」、「提供」、「檢查」等等，因為「隨時」有二十四小時全天候的意思，而這個形容詞另外一個重點也正是「隨時隨地」地做一些事，至於做哪些事，改什麼關鍵字就做哪些事。

如果加上電話，就很輕易地產生了以下的新產品方向：

➲ 隨時保健的電話。

➲ 隨時保養的電話。

➲ 隨時警示的電話。

➲ 隨時提醒的電話。

➲ 隨時提供 XXX 的電話。

➲ 隨時檢查 XXX 的電話。

3. 以消費者的立場說出它的實際利益

從使用者立場看形容詞，感受這個形容詞能夠帶來什麼利益，也可再發展出其他方向。例如「可雙向溝通的」這個形容詞，從消費者的立場來看，它有「可以立即反映自己的意見」、「可以將觀念充分地溝通」、「可以馬上通知對方」、「天涯若比鄰」、「親人宛若在身旁」等等感覺，經過再發展或再詮釋的結果，我們可將「可雙向溝通的」這個形容詞考慮得更周延完善。

相同地，如果加上數位相機，就有以下的發展概念：

- ➲ 可雙向溝通的數位相機。
- ➲ 可以立即反映自己意見的數位相機。
- ➲ 可以將觀念充分溝通的數位相機。
- ➲ 可以馬上通知對方的數位相機。
- ➲ 天涯若比鄰的數位相機。
- ➲ 親人宛若在身旁的數位相機。

4. 加入時間、空間因素

如果加入時空因素，發展的空間就更立體化了。以「可自動控制的」為例，如果加上時間因素，我們可發展為「在上班時間自動控制」、「在夜晚自動控制」、「在中午休息自動控制」等等。

　　如果加上空間因素，我們可修改為「在廚房裡自動控制」、「在無人的辦公大樓裡自動控制」、「在森林自動控制」等等。

　　創意的延展性是無限的，經過時間與空間因素的拓展，如果加上空氣清淨機的話：

　　⊃ 可自動控制的空氣清淨機。

　　⊃ 在上班時間自動控制的空氣清淨機。

　　⊃ 在夜晚自動控制的空氣清淨機。

　　⊃ 在中午休息自動控制的空氣清淨機。

　　⊃ 在廚房裡自動控制的空氣清淨機。

　　⊃ 在無人的辦公大樓裡自動控制的空氣清淨機。

　　⊃ 在森林自動控制的空氣清淨機。

5. 擬人化或擬物化

所謂的「擬」字也可稱之為「就好像」。將形容詞再添加一些有趣的因素，例如卡通明星或是小玩偶等等，可以讓這些形容詞看起來更生動活潑些。以「可消磨時間的」為例，如果以擬人化處理，我們可創造一些「就好像唐老鴨不斷扳弄手指似的在消磨時間」、「就好像大眼蛙一直跳上跳下地消磨時間」或是「就好像筆筒一動也不動地站在桌上一樣地消磨時間」等等，這樣的形容詞是不是更有想像空間？

6. 加上情感的因素

每一個形容詞，對它總是有感情吧！總有一些「形容詞」來描述這種情感吧！事不宜遲，我們就趕緊來描述這些感覺吧！

以「大自然原料的」為例，一看到這個字眼，很自然地就流露出一些形容字眼，例如「最原始的，大自然原料的」、「純真的，大自然原料的」、「坦率的，大自然原料的」、「沒有矯飾的，大自然原料的」、「真正的自我，大自然原料的」等，將大自然原料形容得更深入些，創意應該會更精準些。

所以，就可以產生以下的新概念糖果：

➲ 大自然原料的糖果。

➲ 最原始的，大自然原料的糖果。

⤷ 純真的，大自然原料的糖果。

⤷ 坦率的，大自然原料的糖果。

⤷ 沒有矯飾的，大自然原料的糖果。

⤷ 真正的自我，大自然原料的糖果。

7. 將主題細分化或單元化

　　有時候主題範圍太大，執行時有困難，這時不妨將它單元化或細分化，分解到可執行的程度。就拿「以中醫理論處理的」這個形容詞來說，中醫理論這個詞的範圍太廣了，就是窮其一生也無法完全參透，而且範圍越廣越無法集中執行焦點；因此我們可以這樣處理，「針對十大死因，可添加 XXX 中藥的」、「冬天調理身體，中藥煎製的」、「上班族忙碌，增進腦力的中藥良伴的」、「一口喝完，省事省時，中藥煉成的」等等，焦點越集中，創意就越明顯。

上班族忙碌　增進腦力的中藥良伴

8. 將形容詞「套入」時以該企劃案各個屬性為主

每個企劃案或待開發的產品，都可以細分為好幾個屬性，抽象及具體的都有，以下便依各個屬性討論如何與形容詞搭配而成具體創新概念的新產品：

(1) **消費對象**：檢查一下該形容詞適合哪些消費群，再著手設計適合該族群的產品或企劃案。例如「隱密性高的」這個形容詞，似乎對於單身貴族、知名度高的人、情侶、有外遇想偷情的、間諜等人士比較需要些，我們就可以針對上述消費族群做一針見血的設計。

(2) **外形**：想辦法從外形下手，做出和該形容詞類似感覺的外形。例如「兒童專用的」，我們只要集中心力在外形上弄可愛些，可能加些米老鼠、唐老鴨等卡通明星；或是將體積縮小一點，以適合小孩扮家家酒的需要；或是將外形修飾得更有趣一點，「酷」得讓青少年神往，擬人化表現也可，讓目標消費者願意和「他」說話，往外形進攻，終可達成目標。

(3) **功能**：添加新的功能，或取代舊有的功能，或結合現有功能，總之，好還要更好。以「可反映自己心情的」為例，如果想要以這個形容詞開發新的筆筒，這時我們就該在功能上玩些花樣了。我們可以再裝上一個溫度感應器，而且是以數字顯示，當我們的手握住筆筒以後，只要溫度上升，數字就會越來越大；當

然，這樣你就可以掰一些話，例如這是情人的愛情指標，或是上班族煩悶焦慮的測量器等等，讓使用者可以解釋溫度上升的意義、趣味囉！

(4)**使用時機**：將時間區隔開來，針對該特定的使用時間發展創意。以「可分享心事的」來說，其使用時機可劃分為夜晚獨處時、眾人聊天時、上班偷閒時等等，根據這些時機，其實創意就已經呼之欲出了。

利用上述發展形容詞的招數，你的創意就可以千變萬化了。以下列舉多達一百四十個形容詞，並且在每個形容詞後面多加延伸的解釋，讓你的聯想力更豐富。

在每一個形容詞的大傘底下，想辦法以任何手段達成該形容詞的感覺，其中的過程將會產生更具創意的技術及方法喔！

將形容詞全部貢獻出來，應用之妙存乎一心，你可以放大影印、製作一堆小卡片、製作大型圖表、畫一張形容詞強迫結合表、剪一個形容詞圓盤、製作一份形容詞撲克牌，甚至請聲音甜美的小姐錄音，每天聆聽也可以；只要記得，有形容詞在身旁隨侍，隨時幫你強迫結合，就有新的感覺，當然也就有說不完的討論話題！

1. 強韌耐磨的……

用它千遍也不變。搓搓揉揉，永遠不脫皮。

2. 以簡易符號告知的……

看了圖案就馬上知道功能。可愛的圖形，愛不釋手。

3. 有多國語言功能的……

走到哪裡，就說到哪裡。現代的超級國際公民。

4. 隨時保健的……

健康情況隨時通知。每分每秒都健康。

5. 改變銷售通路的……

送到消費者手上的地點更「隨地」了。上天鑽地。

6. 可顯示危險狀況的……

一有危險，快閃。預警系統的設立。

7. 可雙向溝通的……

也聽到你的心聲。充分對話，互相了解。

8. 讓人引以為傲的……

滿足虛榮心。能夠公諸於世的榮譽感。

9. 可同時多方觀賞的……

大家一起同樂。同時欣賞現場實況。

10. 可自動控制的……

不再煩心，自動幫你做好事。全天候服務。

11. 造型可愛的……

一見它就笑，一見它就釋懷。真想擁有它。

12. 豪華精緻的……

皇家貴族的幻想，極盡人類的想像力，精彩絕倫。

13. 可消磨時間的……

不想虛度光陰。不想當呆子，總得有事做。

14. 可消除異味的……

掩飾自己的缺點。美化周遭環境，愉悅身心。

15. 大自然原料的……

環保理念。最原始的產品，最樸實的心。

16. 可多人共用的……

同時操作，同時享受成就感。狀況同時解決。

17. 有保護膜的……

延續既有的狀態，不致遭受破壞。膜式保養法。

18. 變化無常的……

隨時都有驚奇。像演一齣戲，角色互有變換。

19. 有臨場感的……

身歷其境，感同身受。自己就是主角。

20. 單身者良伴的……

它最體貼我的心。寂寞時的良伴。

21. 可預測未來的……

能掌握未來，比較心安。精確地走下一步。

22. 和卡通人物結合的……

生動的，活潑的，人性化的。和你談心。

23. 樂音處處飄的……

柔和甜美的音樂，討好耳朵。伴我讀書，陪我入睡。

24. 食物造型的……

有可以吃的假象。弄一個大家都喜歡的食物。

25. 口袋型的……

隨手抓。隱藏式。偷偷弄走。

26. 可長期記錄的……

歷史見證。做一個統計圖表，找出趨勢。

27. 具安全設計的……

沒有不定時炸彈的感覺。心安理得。

28. 具懷舊情懷的……

回憶總是美的。媽媽煮的、媽媽的味道。

29. 迷你型的……

嬌小玲瓏。小人國專用品。

30. 震撼心靈的……

餘波盪漾，餘悸猶存。難忘的一刻。

31. 可立即享用的……

不用等，也等不及了。想到就可得到。

32. 令人永生難忘的……

念茲在茲。永遠記得那一刻。

33. 太陽能發電的……

自然的力量，自然的恩賜。自動自發，自力救濟。

34. 不占空間的……

沒有感覺到它的存在。自由空間加大。

35. 具現代美感的……

是屬於現代的我所擁有的。讓當下的我感覺舒服。

36. 可自由組合的……

變化無窮，意想不到。隨心所欲。

37. 可常保青春健美的……

天天年輕二十歲。每一分鐘都有活力。

38. 使用後即丟的……

率性、乾脆。不麻煩，行動快。

39. 個性化的……

只屬於我一個人的。有我的性格在裡面，我喜歡。

40. 可產生熱能的……

溫暖我的身心。抵禦寒冬，勇往向前。

41. 以中醫理論處理的……

自然生物療法，最自然。藥品廣泛化。

42. 使對方意外驚喜的……

哇！啊！真的？哈！處處有怪聲。

43. 兒童專用的……

專屬於兒童的世界。小大人也好，小兒童也可。

44. 隱密性高的……

別人都不知道。偷偷摸摸。若隱若現。

45. 一邊吸收一邊排出的……

流通性高，不會累積。清爽宜人。

46. 以數字表達的……

結果數字化，還有量表呢！再清楚不過了。

47. 一次 OK 的……

省事，快速。業餘者也有專家的水準。

48. 突破空間限制的……

立體化，多元化，同步化。多媒體的世界。

49. 有保溫功能的……

千里迢迢都溫暖。愛心的最佳呈現。

50. 可顯示存量的……

用完之前就知道了。有警示信號。

51. 高級尊貴感的……

顯示身分，人生難得的成就感，力爭上游的成果。

52. 可在水中進行的……

水路雙棲。加倍可用的空間。

53. 有想像空間的……

自己也可以進入操作。激發想像力。

54. 可投機的……

預測未知。未來的情況並無法確實掌握，可以賭一賭。

55. 常保乾爽的……

乾爽舒適，心情愉快。不會黏黏的。

56. 可反映自己心情的……

自己看到自己的感受。別人也很清楚。

57. 可立即取得資訊的……

溝通無障礙。馬上傳到。

58. 有可愛圖案的……

俏皮，頑皮。人見人愛，使環境變得更愉悅。

59. 常保新鮮的……

隨時都可保持最原始的狀態。鮮得要命。

60. 以顏色區別的……

方便管理。色彩分類，色彩戰略。

61. 有中國地方口味的……

鄉土情懷，中國人的味道。民族正義感浮現。

62. 人性化的……

有感情的。可產生情感的。有人情味的。

63. 不傷視力的……

維持器官機能正常運作。具健康功能。

64. 數位化的……

精確度高。可計算方位。

65. 操作簡易的……

不用花腦筋，教一次就會。自己學也會。

66. 可被微生物分解的……

被自然分解了。環保優良品。

67. 可立即記錄的……

時間不留白。留下證據。抓住靈感。

68. 有益女性的……

守護女人。補足女性先天的缺憾。

69. 可防止潮濕的……

東西不會變壞。延長使用壽命。

70. 具 fuzzy 功能的……

高科技的貢獻。隨時加上新開發的科技理論。

71. 可立即呼救的……

搶救及時。開關放在比較容易發生危險的地方。

72. 以音波振動的……

傳送訊息。當密碼使用。

73. 可分享心事的……

它了解我，它願意聽我說。雙向溝通。

74. 可調整方向的……

有彈性，隨時反應。順應實際狀況。

75. 合乎人體工學的……

和身體緊密配合，不造成負擔。順勢而為。

76. 長時間有效的……

工時最長，感覺滿有價值的。等得都心煩了。

77. 可分批處理的……

一段一段進行。有邏輯概念、層次規劃。

78. 輕薄短小的……

薄得不像話，輕如鴻毛。輕薄的貴重。

79. 裝飾兼實用價值的……

好看又好用。不用時又可當飾品。

80. 頂客族最愛的……

輕鬆自在，無拘無束。充分享受人生。

81. 可促進血液循環的……

通體舒暢。健康不走遠。

82. 可算命的……

可預知自己未來。增加趣味性。

83. 可當玩具的……

無聊、殺時間、故意讓時間溜走時使用。開會良伴。

84. 可隨手攜帶的……

機動性強。隨時待命。事事萬能。

85. 可再生的……

不造成地球負擔。重複使用。改變用途或形狀。

86. 可緩慢穩定釋出的……

一點點地給，拖長時間。慢郎中的最愛。

87. 可做連續動作的……

每天固定做的動作，自動化。動畫方式。

88. 可隔絕外面環境的……

不受干擾。清靜、清淨。保護功能。

89. 以星座為訴求的……

以生辰月日將人們分類。賦予感性的說明。

90. 夜貓子愛用的……

晚上使用最有情調。晚上正需要用到。

91. 有彈性的……

可自由伸縮，運作自如。凡事好商量。

92. 無毒可食用的……

寶貝安全，你也安心。絕對無憂慮。

93. 說出個人心聲的……

我有話要說。請你聽我說。不吐不快。

94. 有紀念價值的……

某年某月的某一天。名人、名勝、名事、名物。

95. 有逗趣商品名的……

好好笑！真鮮！怎麼有人叫這樣？鬼扯！

96. 有減肥效用的……

實現少男少女時代的夢想。輕飄飄的快感。

97. 價格普及化的……

每個人都可輕鬆擁有。名牌平民化。

98. 有世界觀的……

各民族皆可使用。世界各地一體適用。

99. 與生物科技結合的……

利用自然生物的特點。借力使力。

100. 隨時保持體面的……

到哪裡都光鮮亮麗。一塵不染。

101. 具按摩功能的……

促進氣血循環。懶人的運動，運動我的肌肉。

102. 可自己搭配的……

隨心所欲，展現自我。靈活運用。

103. 親子共享的……

父子可以一起玩。天倫之樂。三代同遊。

104. 有美容功效的……

幫助你越來越好看。返老還童。

105. 限量供應的……

不想要給你太多。刁一下。讓你等一下。

106. 讓人有成就感的……

享受表演後的掌聲。真是令人驕傲的一刻。

107. 「只有我有」的……

皇帝的權力。獨一無二，別無分號。

108. 減緩壓力的……

輕鬆一下。偶爾休息一下。

109. 實現夢想的……

這輩子不虛此行。滿足人的小小願望。

110. 可供租借的……

不用買，付一點錢，也可使用。

111. 不會中斷的……

不受影響。真正的連續動作。

112. 有運動效果的……

強迫勞動。增進身體健康。隨時可運動。

113. 在攤子也可用的……

不分男女老幼，大家一起歡樂。照顧被忽略的一群。

114. 具異國風味的……

有世界大同的假象。對未知事物好奇。

115. 淡香且色彩柔和的……

平滑舒服的感覺。有粉味。

116. 舊商品全新感受的……

跨時代的產品。重現產品的第二春。

117. 具記憶功能的……

關鍵時刻，回復原狀。不怕損壞，馬上修復。

118. 造型可自由選擇的……

尊重你的意見及感受。自由行事。

119. 增進腦力的……

真想再聰明一點。和天才走同一條路。

120. 純陽春型的……

沒有累贅的眾多功能。只為單一種用途。

121. 擴大自我能力的……

像超人一樣。萬能的虛榮心。

122. 可親手製造的……

自己的作品，自己的骨肉。自我的延伸。

123. 光感應的……

光線就可以解決開關及各關鍵時刻的問題。

124. 有香味調節的……

環境的氣氛變得更甜蜜。氣味相投。

125. 超大容量的……

肚大能容。和大海比深。一次購足。

126. 具時間控制的……

人不在這裡也不怕，自動關閉或開啟。

127. 尊重個人隱私的……

秘密進行。完全的人性化設計。

128. 與世界同步的……

同一時間，做同一動作，用同一物品，說同一口號。

129. 可享表演成就感的……

像明星一樣。我也可以當明星。

130. 鎖於無形的……

沒有開口，手續不懂，無從下手。只有我知。

131. 一體成型的……

生產、替換零件相當簡便。外形現代。

132. 可自己動手做的……

敲敲打打，享受運動、休閒、表演的快感。

133. 安裝便利的……

不需專業技術人員，工讀生即可操作。

134. 自動感應的……

環境一變、時間一到、東西一來、馬上知道。

135. 高齡人士專用的……

清楚一點、大一點、簡單一點。

136. 仿製古物的……

回到那個大時代，有那種情感。有古董的價值幻想。

137. 可加印字樣的……

填上俏皮、具紀念性或訊息性的字眼。

138. 延長壽命的……

用上百年也不壞。降低購置成本。

139. 製造激情的……

很多人都很需要。激發人性的基本需求。

140. 能以紙製品代替的……

環保考量。綠色風潮下的產物。

運用形容詞開發創意的實例

當筆者應邀主持腦力激盪會議時，有時即利用以上詳列的形容詞當做創意開發的工具，例如該會議的開會目的是要開發一些新型態的土司麵包、蛋糕等食品，筆者即丟出多達一百四十個形容詞分組討論，絕對有一些新產品概念產生。由於形容詞表單的設計是綜合歸納暢銷商品成功的心理因素而得，等於是已經將創意事先開發一半；就如明治奶粉標榜蛋白質柔細化一樣，因為該奶粉事先分解部分蛋白質，因此幼兒就不須花費太大的精力分解蛋白質。

形容詞的提出正是這層道理，事先提示一個產品發展的新方向，剩下的動作只是看到形容詞這個問題，再單純地看問題回答即可；結合極待開發的產品，嘗試解答形容詞與產品結合後的概念，再將這概念以行銷理論合理化，這一連串刺激反應的過程，就可以達成開發新產品的目的了。

以下舉一開會實例，讓讀者感受一下形容詞的威力！參加人員共有十四位，開會時間六小時，開會流程依次為：講師講解創意原理及方法，以輕鬆掌握創意本質，靈活運用創意手法→各小組依照形容詞的提示，討論各組的企劃案→發想方法與技術提示→各組報告討論心得→全體集思廣益。就這樣，真的有很多創意喔！

開發的產品是屬於麵包、土司、包子等產品，請觀賞以下列出的新菜單：

○ 冷凍麵糰也可以像紙黏土一樣，「做自己，吃自己」，讓消費者自由揉捏自己喜愛的形狀，只要教導正確的解凍方法，就可以隨心所欲玩造型。

○ 包材可食用，還能幫助消化？為解決蛋糕過於精緻化、缺乏纖維質的弊病，因此在包裝的材質上採用可食性纖維，以增加腸胃的蠕動。

○ 一直期待麵包烘焙完成，真想看看他告訴我什麼話？在麵包上塗上一特殊原料，消費者在烘焙前無法看到上面的字樣，必須在微波爐或烤箱裡，經過加熱過程後，字體才能

慢慢浮現，這時他們看到的可能是「今天有喜事」、「桃
花運快到了！」，或是做促銷活動，例如「再來一份」、
「筆記型電腦一部」等等。

➲ 調養身體，現在由蛋糕、麵包負起大任？加些中藥成分，
可在享受口味之餘，也能調整身體體能狀況，以增加產品
價值感！

➲ 生產具有能產生大量熱能或促進血液循環的硬麵包或相關食
品，以提供登山者、航海人、軍人、野外求生等食用。

➲ 將可改善體質的羊奶製成餡，以提供廣大患有支氣管炎的
孩童食用。每天早上帶一個麵包或一盒早餐上學，既營養
又能調養，天下父母誰能不動心？

➲ 你看過龜甲卜卦嗎？利用叉燒包裂開的特性，我們可以將

叉燒包製成龜甲形狀，當半成品的叉燒包放進微波爐後，表面自然會分裂一個形狀，再依形狀卜吉凶。

隨手舉出七個新產品創意，在那次會議裡，開發出可馬上著手執行的新產品（麵包、土司、包子、蛋糕等）共有十七件，另外可以繼續發展的新產品概念共有三十四件之多，這是去蕪存菁的結果喔！其餘沒有列入會議紀錄的還多著呢！

領略到形容詞的創意爆發威力了吧！下次看到、聽到形容詞的話，記得立正站好。

Bob Ederle就重組了一些動詞，提出比較容易記憶的scamper、substitute、combine、adapt、modify、put to other uses、eliminate 或 minify、reverse，這些動詞也是強迫變通思維，以透

過該動詞型式結合兩事物。

有個思考遊戲名為「拔河比賽」，就是兩邊各列出正面與負面的評價，優缺點分列清楚，可以增強優勢，也可以改善劣勢，這樣的方法也是強迫你要站在另一立場做思考，也是變通思維的一種。

利用屬性列舉法和矩陣圖也可以做結合創意，一個名為「創意盒」的方式，就是將每一個參數先列出，然後寫出每個參數的一些型式與變化，之後，做一些隨意的組合，就可以開發出不錯的創意。

例如，以洗車為例，先個別寫出一些不同的作業方式或設備等。

	方式	服務對象	設備	地點
1	自助式	休旅車	強力水柱	大樓旁空地
2	水刀式	巴士	噴霧器	社區門口
3	泡棉式	衣服	泡棉和布條	市郊
4	電動式	貓狗	吹風機	停車場
5	手洗	機器設備	刷子	修車廠

再根據以上所列出的各項資料，試著做一些近乎亂數的連結，應該就會有新型態的生意冒出來了。

	方式	服務對象	設備	地點
1	自助式	休旅車	強力水柱	大樓旁空地
2	水刀式	巴士	噴霧器 →	社區門口
3	泡棉式	衣服	泡棉和布條	市郊
4	電動式	貓狗 →	吹風機	停車場
5	手洗	機器設備	刷子	修車廠

　　這樣的方法，也是先以各個屬性做強迫變通思維，然後以連結之結合方法開發創意。

　　你也可以據以開發新的出版事業、新的百貨公司促銷活動。

　　有人提議使用名人名句用以激發創意，拿一本名言雋永集就可以隨時思考，這是可行的。試想，當你看到「治大國如烹小鮮——老子」、「藝術的完美在於隱藏——昆提連」、「有兩種方法可以傳布光明，當蠟燭或是當反映它的鏡子——艾蒂斯‧華爾敦」，你應該有些不一樣的感想，這就是利用外人立場的變通思維，讓你有一些全新的想法。

　　佐藤秀德提出「鳥類法」，其實他是取法鳥自由飛翔於林間，立場變化多元，除了以自己的立場思考以外，也可以站在對方的立場思考，獲得全然不同的觀點；也可以站在第三者客觀的立場，冷靜分析其間的利弊得失；甚至你也可以站在該物品的立場思考，以被使用的物品本身來說，它應該也會有全新的觀點或感

受吧！立場的改變，就是變通的應用，道理都一樣。

　　無論是腦力激盪術、隨機字詞、屬性列舉法、觀察思考法、缺點列舉法等，再加上動詞與形容詞的觸媒作用，以及上述的一些創意激發招式，你都可以利用英國東尼・布桑（Tony Buzan）所開發的心智圖（mind map），或是日本今泉浩晃的曼陀羅（有人稱為九宮格），或是特性要因圖（有人稱為魚骨圖）等思考工具，將所得到的想法一一整理，再繼續進行結合與修正的工作。以上三種思考工具，請參閱相關書籍，了解確實的運作方式，再依據你個人的思考與作業習慣，以及所屬團隊的共同運作習慣，挑選一個合適的方法執行。

　　創意原理的應用，除了在新產品開發等具體實物用途上，對於新觀念、新理論、新生活型態、新休閒方式，甚至新社區的開發，都有一定的助益或影響力。

　　舉目所及，在世界各角落都有新鮮事物產生，只要我們多用點心、多看各地出現的一些表現型式、新的結構與使用方式、創新的觀念與作為等等，都是你的養分，你都可以「小改款」一下，套用在你正在處理的案子上。

　　美國加州聖塔芭芭拉市的東北方，有一個名為Solvang的小鎮，是著名的丹麥小鎮，拒絕速食業進入該小鎮，整個小鎮到處充滿著丹麥特有的鄉村氣息，餐廳賣的食品、紀念品店的商品，

都有丹麥的風情，甚至在那裡也弄了一個美人魚雕像呢！以丹麥任何事物做產品包裝的小鎮，讓遊客來這裡享受丹麥風情，是社區總體營造與行銷的最佳範例。

美國華盛頓州Leavenworth小鎮，在西雅圖東邊兩小時車程，以礦產為主，但是礦區挖光了，這小鎮也慢慢沒落了，居民請教華盛頓大學教授，經一年的評估，教授群建議依該小鎮三分之一以上是德裔後代，不妨塑造一個百分之百的德國小鎮，以德國事物做產品包裝、例如：德國節慶、德國風味食品、德國建築風格、德國紀念品等，遊客想要享受德國風情，就來這裡。

台灣呢？你應該有想法了吧！

➲ 桃園角板山形象商圈，可以塑造什麼風格？

➲ 台南白河蓮花季，要怎麼加強蓮花的魅力與吸引力？

➲ 北投溫泉博物館，這是當時東亞最大的溫泉浴場，應該怎麼包裝，塑造什麼特色？

這就是結合的實際應用。

一樣是人生的生離死別、愛人的相戀與離別，電影的劇情編撰與場景各有不同，你在感動之餘，有沒有學習到哪些「變通」思維？

看小說也是一樣，多去感受與學習「結合」各類事物與「變通」立場與角度，只要多用心觀察，就是在休閒娛樂的時候，你

也可以蒐集各類的表達型式與立場陳述，豐富你的創意資料庫。

最後，還是向你囉嗦幾句：

1. 你自己本來就具備「變通」和「結合」的思維能力，只是因為你一直在準備考試，一直從事記憶的工作，以至於「忘了」上述那兩種能力；現在再次提醒你，你本來就是創意人啊！

2. 千萬不要把創意當做是一件神聖的事情，好像一定要想到一個前無古人的創新型式才可以，其實前人早就開發了一些新的想法與表現方式，你可以拿來「加工」啊！稍微變通一下，或是結合什麼東西上去，然後應用到你的案子上，所展現的型態絕對不同，也絕對不會侵犯到別人的著作權。（解釋：觀念，是沒有著作權的。）

3. 針對缺點，做改良與改善，就是發明啦！日本人最善於此道，「小改款」，你也可以做得到的。

4. 只要你夠用心，只要你有一點點的動機想要去想事情，你就可以開發一些新想法、新造型、新用途、新方法了；想出一個不錯的創意並不難，只要你肯開始動腦。

5. 如果你在創意方面有成就，別忘了多介紹朋友買我的書，感謝啦！

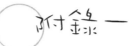

附錄一
家長引導孩子創意思維的指導手冊

❧ 本作業單的使用對象

使用者是家長，想要引導自己的小寶貝具有創意思維的父母親。

使用對象當然是小孩子，大致上能夠講話與思考的年齡就可以。

❧ 本指導手冊設計理念

如果給你一堆作業，或是設計一些創意活動、創意教材，讓你和孩子在家裡一起做，我覺得不可能，因為我無法想像你會在家裡正經八百地和孩子玩這些遊戲，大家為生活經濟壓力所逼，每天超時工作，加上《易經》亦言「易子而教」，孩子不太聽父母

親的教導，通常都是要請別人教才行，所以我猜想這些親子遊戲應該沒有什麼實際作用。

平常我們和孩子在家裡，互動的時間本來就不多，出外逛街遊玩的時間每週一、兩次，這麼有限的時間，父母親如何把握這些寶貴的時間，以引導孩子具有創意思維？其實，創意教學不拘任何型式，只要具備一些創意基本原則的觀念，創意教學隨處可行，教材隨手可得。

因為，我們要引導的是孩子的創意「思維」，也就是關注於孩子如何去思考，以何種角度去看眼前的事物？所以，我們可以隨時使用「問話」的引導方式，無論是在街上逛街，看到任何事物，就可以和孩子討論；在家裡客廳看電視，也可以隨手拿一件物品和孩子玩創意；到餐廳吃飯，在等待菜餚上桌的時候，或是用餐閒聊的時候，也可以拿桌上的物品，隨口問一些問題；隨時隨地，促使孩子思考你提的問題，並專心創造一些新的觀念。

不需要準備任何道具，只要記得幾個問話就行了，這就是本指導手冊的設計理念。

引導小孩創意思維的時機

隨時隨地。

在公園、夜市逛街；晚上躺在床上快入睡之前；郊外野餐；

聚在客廳看連續劇；在餐廳用餐。任何時候，任何地點，隨便挑你記得的本手冊所提供的十二個問題中的任何一個，問你的孩子，你也一起和他討論與思考，總是會有一些新想法產生。

十二個可以隨時提問的問題

1. 如果XXX和XXX結合的話……

2. 根據這個原理原則，如果應用到XXX領域的話，將會……

3. XXX還有哪些用途？

4. 你對它有哪些不滿意的地方？

5. 如果將它XXX（動詞）的話，它就會變成……

6. XXX就好像是……

7. XXX可以做哪些樣式？

8. 看到XXX，你聯想到什麼？

9. 假如你是XXX，你會希望怎麼樣？

10. XXX和XXX有哪些地方相似？

11. 有沒有和XXX相關的成語或民間故事，可以拿來做創意的題材？如果沒有，找同音字或相近的音也可以。

12. 如果沒有XXX，將會……

以上這十二個問題，隨手拿起任何物品填入XXX，就可以一起和孩子討論可能的結果，經常動腦，腦筋自然會變通靈活，以

下會有更詳盡的說明。

實際舉例的物品

碗，這個每天都看得到的用具。

拿碗當具體實例，引導父母親可以拿其他物品提問任何一個問題。

附贈延伸的問題

每一個發展的想法之後，又會產生一些延伸的問題，又可以和孩子繼續聯想發展其他的想法。「你也可以這麼想」的小方塊，就是給父母親額外的問題，還有機會繼續再玩下去。

本手冊使用方法

不要全部看完才去行動，這樣你會很懶惰，而且看了就忘了。

看一、兩個問題，就馬上身體力行，去向孩子「討教」，或是三五好友一起討論，共同享受創意爆發的樂趣。

新想法分享

歡迎你將與孩子互動所產生的新想法或趣事，e-mail到我的

電子信箱leoyuan@ms4.hinet.net，我會將你們的新想法置放在我個人的網站或部落格，我會依照各問題分別將你的創意貼上去，你也可以和你的孩子分享別人的創意，用以激發更多的想法；如果你在網站上沒有看到多少的想法，就是表示沒有人上傳給我，所以，就請從你開始，把創意想法傳給我，大家一起共享資源，創意教學才會有具體的成效。

創意加油站(1)

◇◇

隨時注意身邊的「意外情況」喔！一個偶然的發現，可能就是一個新事物、新生意機會的產生呢！

有位叫若利的人，拿東西的時候，不小心碰倒一瓶松節油，灑到一條裙子上面；後來他發現只要是松節油灑過的地方，不僅不會髒，反而比其他地方乾淨。若利就發明了服裝乾洗的方法，並且開了第一家服裝乾洗店。

十九世紀，蘇格蘭有位橡膠工人，他的衣服經常沾上橡膠溶液，在一次下雨的日子，他發現衣服上沾了橡膠液的地方，雨水沒有滲透進去；於是，他發明了雨衣。

◇◇

第一個問題：如果ＸＸＸ和ＸＸＸ結合的話……

如果拿起碗，你也可以這樣問：如果碗和ＸＸＸ結合的話……

如果碗和雨傘結合的話，那不就成了碗雨傘或是雨傘碗？

嗯……如果做一支像碗形狀一樣的雨傘，外形會不會太奇怪？

那麼把雨傘倒過來就是碗囉！

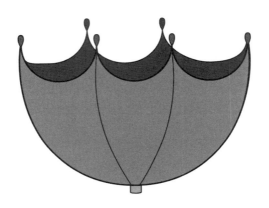

啊！喝湯的時候，如果在湯上面漂浮著一支小雨傘，應該很好玩！

或是做個有雨傘花紋的碗？可以像雨傘一樣收傘的碗？雨傘布做的碗？

【你也可以這麼想】
1. 倒過來看看，有什麼功能？
2. 加點小東西在上面會如何？
3. 弄些花紋會變成什麼？
4. 材質改變一下？

如果碗和椅子結合的話，哈！這很簡單，只要把碗倒過來，就成了椅子了嘛！

如果把碗放在水面上，它很可能會漂浮喔！耶！那麼就可以做可以漂浮在水面上的椅子喔！

如果窩在大碗裡面看書，會不會比坐在普通椅子上還舒服？

【你也可以這麼想】
1. 有沒有浮力？重力？
2. 把自己縮小，窩在裡面，感覺會怎樣？

如果碗和鏡子結合的話，將碗的上上下下、裡裡外外都包上鏡子，這個亮晶晶的碗像什麼？

是一個可以「自我反省」的碗，還是可以「看透人心」的碗？

可以當凸透鏡？還是凹透鏡？

一邊吃飯，一邊照鏡子，這像話嗎？

吃完飯，剛好照鏡子補補口紅，檢查一下儀容，剛剛好。

嗯，利用鏡子反射原理，我們可以鋪上花樣多彩的桌布，這樣反射到碗，碗也可以很多彩的。

【你也可以這麼想】
1. 在外觀上弄些花樣，會變成什麼？
2. 鏡子，平常可以拿來做什麼？
3. 鏡子的功能是反射，拿來反射什麼？

　　所以，如果碗和皮帶、笛子、撲滿、膠帶、白紙、拖鞋、帽子、皮鞋、獎狀、毛筆、皮包、相片、沙發、紙巾、書本、牙籤、鍋子、湯匙、吊燈、鋼琴、桌巾、壁畫、電視、冰箱、時鐘、水壺、棉被、毛衣、衣架或電話結合的話，那麼第一個問題就可以讓你和孩子玩一個月以上了。

　　或是你拿以上任何一件物品和其他物品結合，喔！你至少可以玩一年。

創意加油站(2)

　　聲音可以驅蟲？美國紐約州一家農場主人瑪爾金的太太，她從市場上買一支獸角回家。有一天，她順手拿起獸角當作「傳聲筒」叫老公回家吃飯。

　　聲音一傳出去，結果，旁邊的那一顆樹上幾百隻毛蟲向雨點般地紛紛落下，她趕緊向老公報告這個情況。

　　瑪爾金把獸角拿到果園試試看，真的很有用，而且只用三個小時，所有果樹上的害蟲就掉光光，清除得一乾二淨。

　　這個現象引起了許多生物學家和聲學家的高度重視，專家們正在研究聲波對毛蟲的機械作用，進一步研製一種類似的震盪器，未來可當做消滅樹上害蟲的工具。

第二個問題：根據這個原理原則，如果應用到ＸＸＸ領域的話，將會……

如果拿起碗，你也可以這樣問：根據碗的ＸＸＸ特性，如果應用到ＸＸＸ方面的話，將會形成……

碗，凹下去的，可以盛飯、倒湯、裝菜，放小釘子、小首飾、釘書針、小膠帶、玻璃球……

也可以拿來當調色盤使用。

當做帽子，非洲土人的帽子，或是敲果殼用，或是當做酋長的信物。

【你也可以這麼想】
1. 凹下去能裝東西，可以裝哪些東西？
2. 對於不同身分的人，碗應該有不同用途。

把碗倒過來，就可以蓋東西啦！食物吃不完，蓋上。

不想讓爸爸媽媽看到我正在玩的小玩具，蓋上。

魔術師也常常拿三個碗，其中一個碗放一件物品，轉來轉去，給你猜。

吹喇叭的時候，不想太大聲，可以用碗蓋住。

【你也可以這麼想】
1. 顛倒過來，可以做什麼事？
2. 魔術師或是其他職業的人士，可以拿碗做什麼？
3. 在樂器方面，碗有沒有什麼功能？

碗的邊緣是圓形的，可以拿來畫圓圈。

輪子也是圓的，可以做半圓的輪子嗎？

　　碗是陶瓷做的，表面堅硬，所以敲起來有鏗鏘的聲音，可以當樂器嗎？

　　如果加一些水，音調會不會有變化？可以演奏一首歌嗎？

　　啊！這可以當暗號嗎？密碼？或是求救信號？

【你也可以這麼想】
1. 從上面看，像什麼？
2. 從側面看，像什麼？
3. 材質如何？敲敲看，可以做什麼？
4. 如果能夠發出聲音，可以有哪些用途？

有時候，不同身分、職業的人，看事情的角度與立場都不同。

如果你已經沒有什麼想法了，不妨多想想其他人，例如木匠、玩具設計師、裝飾工人、禮品店店員、百貨公司專櫃小姐、算命師、秘書、盒子製造工廠老闆、實驗室技師、自助旅行者、武器專家、幼稚園教師等，你的想法就一大堆了。

創意加油站(3)

把事情與製造過程想相反，有時候就對了。

在深夜的公園裡有一些腳步聲，黑影匆匆跑過，一位警察拿著手電筒到處掃來掃去，但很難找得到這些人的身影。

因為警察在明處，黑影人在暗處；如果想相反的話，如何能夠做到警察在暗處，黑影人反而居於明處？

義大利發明家阿爾貝托‧卡博尼發明一種六面發光的電筒，這種電筒是橡膠做的，可以投擲出去，耐摔。

當警察在執行任務的時候，只要將手電筒投至黑暗處，手電筒碰撞到地面就接通電源，六面同時發光，黑影人無所遁形，居於暗處的警察不僅能夠隱蔽自己，也能夠輕鬆達成任務。

第三個問題：XXX還有哪些用途？

如果拿起碗，你也可以這樣問：碗還有哪些用途？

碗摸起來硬硬的，可以當武器，只要丟準一點，歹徒馬上受到強力的一擊。

利用碗光滑的表面，可以慢慢地磨平一張紙。

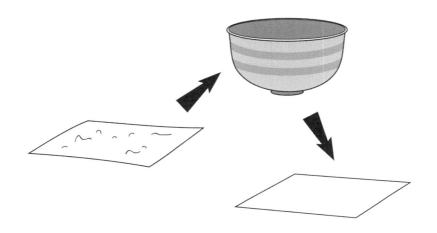

這麼多花紋圖案的碗，做適當的排列，再加上一個外框，就成了一幅畫了。

找一張漂亮的圖畫紙，再找一個小盒子，把碗裝進去，當做小禮物送人。好好珍惜喔！三百年後，這就是古董了。

【你也可以這麼想】
1. 光滑的表面？哪些地方用得到？
2. 數大便是美，排成一長列會如何？
3. 歷史對它會有什麼評價？

看過秤錘嗎？碗應該也可以代替那個秤盤。

或是再加一個碗，也可以當天平的秤盤。

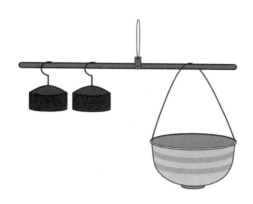

唉！到最後，碗至少還是個「垃圾」吧！雖然沒用，也算是無用之用吧！

啊！停電了，趕快點蠟燭，嗯！蠟燭應該可以放在碗的上面吧！把碗顛倒蓋在桌上，露出碗的小圓屁股，剛好可以讓蠟燭站好。

剛剛好給和尚或比丘尼敲打，權充木魚，唸經用。

【你也可以這麼想】
1. 兩個碗對著看，像什麼？
2. 丟掉，沒有用，可以做什麼？
3. 倒過來，上面可以放東西，可以放什麼？
4. 敲一敲有聲音，可以做什麼？
5. 碗的下方再插根棒子，可以做什麼？

　　碗還有其他的用途嗎？趕快想一想。

　　站遠一點看，鼻子湊近一點看，顛倒它，旋轉它，啊，打破它……

　　嗯，碎掉了的碗，小心，一小片一小片會割傷人喔！

　　啊！把碎片一一排列在圍牆上，就是一個簡易型的防盜措施了。

　　我們也可以把碎片放在凹洞裡，在戶外當做防禦工具。

如果把碎片鋪在地面上，就是一條美麗的道路。

碗是絕緣體嗎？如果是，碗可以當作什麼？

碗本身也可以有阻絕的功能，所以，當你要蒸饅頭或其他食物的時候，只要放進碗裡，再把整個碗放進電鍋內，加一點水，就可以蒸熟了。

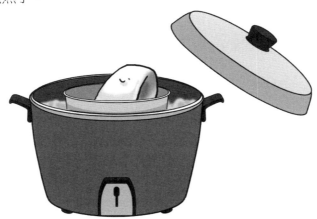

【你也可以這麼想】
1. 打破，就是碎片也應該有功能吧！
2. 碎片尖尖的會刺人，所以可以做什麼？
3. 不導電，或是導電，都各有用途吧！
4. 阻隔，阻絕，應該也會有功能的。

　　想一想碗的各個屬性吧！碗的重量、顏色、形狀、味道（嗯！如果有的話）、滲水性、製造方法、密度、質感、儲存熱或導熱的能力、導電性、硬度、經濟的角度、美感的角度等等，每一個屬性應該都有一種以上的功能。

　　以後你拿任何一件物品，要想它的用途，只要先從它的屬性著手，就有一大堆的想法冒出來了。

創意加油站(4)

　　顛倒，運作原理的顛倒，型式顛倒，反而有新想法。

　　愛迪生從「聲音引起振動」顛倒想法，創造了「振動還原為聲音」的留聲機；赫柏布斯把吹塵器的原理顛倒，設計了新型的除塵設備，成了吸塵器。

　　一支吊扇，本來是吊桿在上面，扇面在下方；顛倒過來的話，成了一個新型的落地吊扇，吊桿在下面，扇面在上方。

　　這個新型的落地吊扇，可以與桌椅結合，安裝也很省事，如果在夏天可以使冷風對流通暢，如果在冬天可以使房間頂部的熱空氣與地面的冷空氣對流，都可以節省電費支出。

第四個問題：你對它有哪些不滿意的地方？

如果拿起碗，你也可以這樣問：你對碗有哪些不滿意的地方？

這個碗的圖案太單調了，我覺得它的圖案與花樣應該多一些，更漂亮才是。

　　這個碗太扁了，就拉高一點吧！太高了，就壓得扁扁的看看。

　　太粗糙了，磨細滑一點；開口太小，就拉大一點。

　　底部的小圓盤很難看，可以細修一下，注意圓弧角度，再弄好看一點。

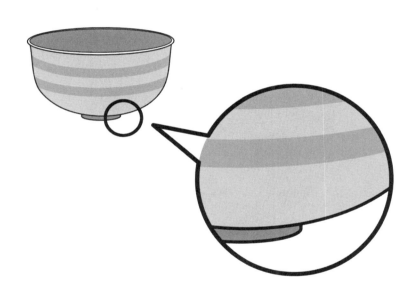

碗的邊緣沒有凹槽，倒水不方便呢！就弄個小凹槽吧。

【你也可以這麼想】
1. 批評它的外形、顏色、圖案。
2. 想一想使用它的情況，哪裡不方便？
3. 批評它的材質。

碗太大太滑了，小孩子或是老人很難抓穩。做小一點的碗吧！或是加個把手，比較容易抓取。

這個碗沒有紀念價值。就找個名人簽名吧！或是紀念某個節日。

這個碗沒有辦法保溫。那就加個帽子、蓋子吧！

【你也可以這麼想】
1. 以小孩和老人的觀點來看它的缺點。
2. 以歷史的立場看它的缺點。

　　要批評碗應該很容易吧！把所有缺點全部列舉出來，再加以修正，就是創意啊！

　　任何一件物品，拿起它，思考一下，它哪裡不順？不通？不明？不快？不足？不潔？不和？不便？不平？不滿？不舒服？不自在？不耐煩？不相稱？不像話？不順眼？不透風？不合格？不切實際？

　　不然，你也可以使用正面思考，更順暢？更好看？更透明？
更快速？更充足？更信賴？更清潔？更合適？更安全？更方便？
更平滑？更滿意？更舒服？更自由？更清楚？更透風？更透氣？
更簡單？更自然？更有趣？更刺激？更輕鬆？更可愛？

第五個問題：如果將它ＸＸＸ（動詞）的話，它就會變成……

如果拿起碗，你也可以這樣問：如果將碗ＸＸＸ（動詞）的話，它就會變成……

如果把碗「捨棄」，它就變成垃圾。

如果把碗「懸吊」，它可以成為吊燈，也可以是音樂吊鐘。

　　如果在碗表面「加上」一些凸凸的小點，它還會有散熱和摸起來比較不會熱的功能。

　　如果在碗的表面「印」上我們全家福的相片，就更具有獨特性與紀念價值了。

　　如果把碗「抽象化」，它只是一個圓形，加上男性和女性的符號，就很酷了。

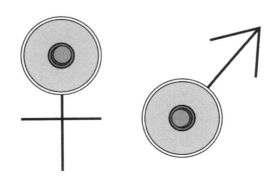

如果把碗「弄彎曲」一些，旁邊多出了一個小凹碗，那就變成子母碗啦！

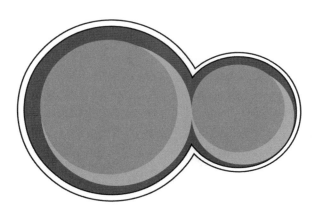

如果把碗「連結」起來，它就成了陶瓷球了。

如果把碗「擴大」，它就成了遊樂場常見的咖啡杯圓盤轉轉圈的遊戲設備了。

如果把碗「縮小」，它就成了一個精緻特別的鈕釦。

　　如果「旋轉」碗，在裡面頂著一根棒子當軸心，還可以臨時卜卦算命呢！

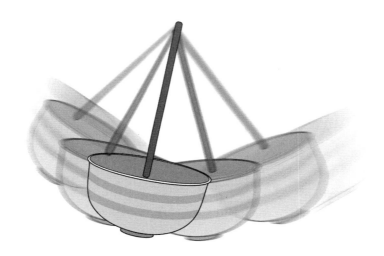

如果把碗「象徵化」，它應該可以變成丐幫幫主的令符喔！

【你也可以這麼想】
還有哪些動詞，都拿來使用吧！

　這裡提供三十二個動詞，當你隨手拿一件物品時，也順便挑一、兩個動詞加上去，用以激發你和孩子的想像力。

增加、分割、排除、縮減、顛倒、分開、互換、結合、扭曲、迴轉、壓平、擠壓、補充、使下沉、凍結、軟化、使膨脹、迴避、加上去、抽減、減輕、重複、加厚、延展、推出、逐出、保護、隔離、整合、象徵、抽象、解剖。

　　另外，除了動詞以外，你在這件物品的前面套上「形容詞」，感覺就不同了。例如：古代的碗、迷人的碗、閃亮的碗、慈善的碗等等，是不是就有很多感覺與想像？給你以下一大堆的形容詞，讓你三年也忙不完。

強韌耐磨的、以簡易符號告知的、有多國語言功能的、隨時保健的、改變銷售通路的、可顯示危險狀況的、可雙向溝通的、讓人引以為傲的、可同時多方觀賞的、可自動控制的、造型可愛的、豪華精緻的、可消磨時間的、可消除異味的、大自然原料的、可多人共用的、有保護膜的、變化無常的、有臨場感的、單身者良伴的、可預測未來的、和卡通人物結合的、樂音處處飄的、食物造型的、口袋型的、可長期記錄的、具安全設計的、具懷舊情懷的、迷你型的、震撼心靈的、可立即享用的、令人永生難忘的、太陽能發電的、不占空間的、具現代美感的、可自由組合的、可常保青春健美的、使用後即丟的、個性化的、可產生熱能的、以中醫理論處理的、使對方意外驚喜的、兒童專用的、隱密性高的、一邊吸收一邊排出的、以數字表達的、一次OK的、突破空間限制的、有保溫功能的、可顯示存量的、高級尊貴感的、可在水中進行的、有想像空間的、可投機的、常保乾爽的、可反映自己心情的、可立即取得資訊的、有可愛圖案的、常保新鮮的、以顏色區別的、有中國地方口味的、人性化的、不傷視力的、數位化的、操作簡易的、可被微生物分解的、可立即記錄的、有益女性的、可防止潮濕的、具fuzzy功能的、可立即呼救的、以音波振動的、可分享心事的、可調整方向的、合乎人體工學的、長時間有效的、可分

批處理的、輕薄短小的、裝飾兼實用價值的、頂客族最愛的、可促進血液循環的、可算命的、可當玩具的、可隨手攜帶的、可再生的、可緩慢穩定釋出的、可做連續動作的、可隔絕外在環境的、以星座為訴求的、夜貓子愛用的、有彈性的、無毒可食用的、說出個人心聲的、有紀念價值的、有逗趣商品名的、有減肥效用的、價格普及化的、有世界觀的、與生物科技結合的、隨時保持體面的、具按摩功能的、可自己搭配的、親子共享的、有美容功效的、限量供應的、讓人有成就感的、「只有我有」的、減緩壓力的、實現夢想的、可供租借的、不會中斷的、有運動效果的、左撇子也可用的、具異國風味的、淡香且色彩柔和的、舊商品全新感受的、具記憶功能的、造型可自由選擇的、增進腦力的、純陽春型的、擴大自我能力的、可親手製造的、光感應的、有香味調節的、超大容量的、具時間控制的、尊重個人隱私的、與世界同步的、可享表演成就感的、鎖於無形的、一體成型的、可自己動手做的、安裝便利的、自動感應的、高齡人士專用的、仿製古物的、可加印字樣的、延長壽命的、製造激情的、能以紙製品代替的。

這麼多的形容詞，很飽吧！

第六個問題：XXX就好像是……

如果拿起碗，你也可以這樣問：碗就好像是……

碗就好像是一個大大的天空，天空就是一個大碗。

碗就好像是小雞的窩，最溫暖的窩。

碗就好像是一頂帽子，小小瓜皮帽。

碗就好像是可以溜來溜去的圓形溜冰場，來回擺盪不停歇。

碗就好像是最光滑的草菇，也是最光亮的圓形屋頂。

　　碗就好像是一座禿山，上面的樹都被砍光啦！所以，碗也好像是一個光溜溜的山谷，一滴水也沒有。啊！碗也好像是一個湖泊，滿滿都是水。

碗就好像是蒙面人的面具，沒有眼、鼻、口、耳，怪恐怖的。

【你也可以這麼想】
1. 如果我是比碗還小的人，碗像什麼？
2. 碗看起來彎彎的，彎的形狀有什麼用？
3. 倒蓋的碗看起來像什麼？
4. 光滑的表面，慢慢溜過去，這像什麼？
5. 遠遠地看碗，它像什麼？
6. 哪些植物的外形像碗？
7. 我們的車子、房子的哪一部分看起來像碗？
8. 大自然哪一現象看起來像碗？
9. 碗可以倒蓋，碗也可以蓋在哪個地方？

想像力，就是海闊天空的想吧！從童話故事、歷史故事、自然動植物等各個層面，應該都可以聯想出一些方向，只要多想，一定會越想越多的。

第七個問題：XXX可以做哪些樣式？

如果拿起碗，你也可以這樣問：碗可以做哪些樣式？

圓形的碗？方形、長方形、橢圓形？

還是波浪形？啊！像貝殼一樣的碗？

除了形狀以外，還可以變出什麼花樣？畫一些圖案如何？

嗯，畫一些青銅器鼎上的花紋圖案，或是中國古典圖案好不好？

不然，西洋繪畫應該有一些畫得亂七八糟、怪複雜的圖畫吧！

【你也可以這麼想】
1. 所有形狀全部列出來看看。
2. 套用其他器具的外表圖案。
3. 如果是老外，他們會怎麼表現？

不然，簡單一點如何？幾個線條就解決啦！直線、曲線、直線混合曲線。

或是弄個斜紋呢？該不會很「邪」吧！

或是弄個格子圖案？

弄一些花樣如何？「花」樣？花的樣式？

【你也可以這麼想】
1. 玩玩線條如何？
2. 如果碗的外表像是穿衣服，該會如何？
3. 從自然界想像一下，植物、動物，甚至微生物。

現在世界上有哪些動物正瀕臨絕種？如果把牠們的圖樣印刷在碗上，提醒人們要愛護牠們，應該也是善事一件吧！

如果要畫個地圖？哪一個地方具有特色？或是具有歷史意義？

如果弄個人像如何？自畫像、全家福、旅遊照，或是名畫的自畫像，超有價值的名畫印上去，應該會提升該碗的「碗格」吧！

【你也可以這麼想】
1. 從地理下手，必有斬獲。
2. 自然界的動物、植物，要畫它們，應該要有一個主題。
3. 人，什麼人可以做一個主題。
4. 藝術，用它千遍也不厭倦。

設計樣式其實很簡單，只要先想好主題，在這個主題之下，自然會產生一些樣式出來。

第八個問題：看到ХХХ，你聯想到什麼？

如果拿起碗，你也可以這樣問：看到碗，你聯想到什麼？

雷達。和碗一樣地不斷地接收、吸收⋯⋯

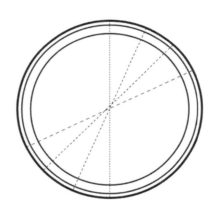

　　我的肚子。和碗一樣可以裝東西，以後有什麼好吃的，不必先給碗吃，直接給我的肚子就可以了。

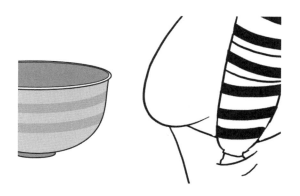

　　大碗公牛肉麵。好大的碗啊！麵超多，肉超大塊。每個禮拜天，我們全家一定會去「撐」一次。

　　還有，爸爸媽媽常說，碗裡面的飯粒要吃乾淨，不然會娶不到漂亮的老婆，或是嫁不到英俊的老公，所以我每一次都「舔」得好乾淨呢！

【你也可以這麼想】
1. 和碗外形相似的物品有哪些？
2. 裝，什麼東西有裝的功能？
3. 超大的碗，像什麼？
4. 有沒有諺語或成語形容碗？

看到碗，就想到吃飯，想到吃飯，就想到吃飯皇帝大。

現在不要吵我，我正在吃飯。

燙喔！每次要端碗喝湯，媽媽總是會這樣叮嚀著。

要吃飯才會長大，媽媽也常常這麼說。

過年過節，全家人圍著圓桌，捧著碗，吃團圓飯……想起來就很窩心。

愛情和麵包。

再怎麼樣，每天總是要吃飯吧！只是吃得比較好或比較差而已，愛情重要或是麵包重要，看你啦！

【你也可以這麼想】

1. 想一想吃飯的場景，會有什麼話出現？
2. 如果我是媽媽，自己拿著碗，或是看孩子拿著碗，我會說哪些話？或是做哪些動作？
3. 民俗，永遠有挖不完的話題。
4. 吃，有什麼典故嗎？

　　聯想是最簡單的事情，隨手抓一個事物，就可以馬上聯想延伸一些想法了。

第九個問題：假如你是ｘｘｘ，你會希望怎麼樣？

如果拿起碗，你也可以這樣問：假如你是碗，你會希望怎麼樣？

假如我是碗，我就可以吃遍全世界各地的美食了。

啊！美食當前，來者不拒。

你可能也會在乞丐身前看到我，乖乖地蹲在地上請你施捨一些，到時候就麻煩你餵我一下吧！謝謝！

真希望我可以在丐幫幫主的身邊，每天應該會吃飽飯吧！

我希望我是名門出身的碗，景德鎮製造的，或是大畫家親筆簽名的，不然，就是變成古董，躺在博物館也是挺舒服的。

【你也可以這麼想】
1. 它平常是做什麼用的？
2. 它能給我哪些好處？
3. 哪些人用得上它？
4. 俗云師出有名，所以……
5. 喜歡表現，喜歡獨特，所以碗如果也喜歡這樣，會發生些什麼事？

我希望每天乾乾淨淨的。所以請你一吃完飯，就馬上幫我洗乾淨，拜託千萬不要讓我油膩整個晚上。

假如我是碗，拜託不要讓我沾上有毒的食物。

雖然現在要吃到純淨天然、不含任何毒性的食物很不容易，但還是請你多多留意，萬分感謝啦！

我希望當我已經沒有利用價值，主人不要我、把我丟棄之後，我仍然能夠再生利用，即使不再是個碗，只要我還有其他用處，我就很滿意了。

我別無所求，只要每天能和筷子、湯匙和平相處，共同為主人服務，這就是我生下來最大的任務與目標了。

```
【你也可以這麼想】
1. 使用前後，會有什麼感覺？
2. 如果你是碗，往上看看，往下瞧瞧，會
   有什麼感覺？
3. 現在什麼事都考慮到環保，碗也有環保
   的機會嗎？
4. 和碗一起共事的物品有哪些？
```

多用一些「假如」、「希望」的問話，多去想像，自然就會有很多的想法，腦袋是越用越靈活的。

創意加油站(5)

◇◇◇◇◇◇◇◇◇◇◇◇◇◇◇◇◇◇◇◇◇◇◇◇◇◇◇◇◇◇◇◇◇◇◇◇◇◇◇

同一個事物的原理、結構、特性，應用到他處，一樣可行，搞不好還可以創造新事物呢！

麵包在烤製之前，要添加發泡劑，麵包才能夠膨脹鬆軟。

一樣的發泡劑運作原理，如果應用到橡膠呢？

在橡膠中滲入發泡劑，成了橡膠泡棉。

將合成樹脂發泡的方法應用到肥皂、冰淇淋、混凝土、磚瓦、玻璃、鋁板等物品，就會產生很多新花樣。

所以，能夠浮在水面上的肥皂、雪糕冰淇淋，輕而堅固、絕熱隔音的氣泡混凝土、輕體磚瓦等，還有氣泡玻璃、泡沫鋁等新產品。

◇◇◇◇◇◇◇◇◇◇◇◇◇◇◇◇◇◇◇◇◇◇◇◇◇◇◇◇◇◇◇◇◇◇◇◇◇◇◇

第十個問題：ΧΧΧ和ΧΧΧ有哪些地方相似？

如果拿起碗，你也可以這樣問：碗和ΧΧΧ有哪些地方相似？

碗和蝴蝶有哪些地方相似？

蝴蝶愛漂亮，每天都和花兒比誰的衣裳好看！

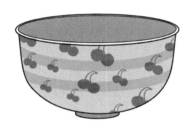

碗的外觀也是多姿多彩，你去看百貨公司擺設的碗就知道了。

我也愛漂亮啊！我也和蝴蝶、碗一樣。

帽子、碗，兩者之間有相似的地方嗎？

帽子「裝」頭。

碗「裝」米飯。

我的行李箱裡面同時裝著碗和帽子。

　　把碗放在不倒翁的旁邊，你發現到它們有哪些相似的地方？

　　底盤都是圓圓的，但是一個可以動來動去，另一個不能亂動。

【你也可以這麼想】
1. 從外觀著想。
2. 回歸到原點，碗的基本功能是什麼？
3. 查一查成語字典，應該有一些成語可以使用。

　　毛線衣和碗有哪些地方相似，這兩個物品，嗯，沒有關係也要拉些關係吧！

　　穿上媽媽織的毛線衣，感覺很「窩心」。

吃媽媽煮的蚵仔麵線，手捧著熱呼呼的碗，也很「窩心」。

我的碗呢？在哪裡？

喔！在書桌上字典旁邊。

嗯！碗和字典，究竟有哪些地方相似呢？

字典是認識生字的「工具」書。

碗是填飽肚子的「工具」。

當碗遇上房子，它們會談些什麼共同話題呢？

房子幫我們遮風避雨，抵禦寒冷的冬風。

把碗蓋上去，它可以防止蟑螂偷咬我的餅乾。

它們應該是在一起討論「防」身術吧！

梅花和碗有哪些地方相似呢？

梅花有五個花瓣。

五個碗組合就是一套梅花碗組了。

五個碗重新安排就是奧運的標誌了。

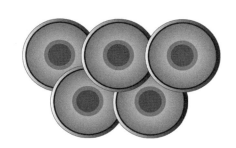

【你也可以這麼想】
1. 誰使用它？使用的感覺如何？
2. 它的象徵意義有哪些？
3. 把它的功能放大、縮小、顛倒看看。
4. 從它的外形聯想看看。

　　兩者之間相似的地方，可以從外形、顏色、功能、使用情況觀之，也可以從感覺、情緒、話題、歷史意義等方面著手，無論再怎麼沒有關係，只要多去想像，一定可以「拉」到關係的。

創意加油站(6)

◇◇◇◇◇◇◇◇◇◇◇◇◇◇◇◇◇◇◇◇◇◇◇◇◇◇◇◇◇◇◇◇◇◇◇◇

不要忽略了微不足道的小創意，有時候會變成大商機呢！

1972年美國奧勒岡州立大學體育教授威廉‧德爾曼在家裡做飯。他突然發現傳統的餅，如果是一排排小方塊凹凸鐵板壓製出來的餅，不僅很好吃，而且很有彈性。

德爾曼教授馬上就聯想，如果應用到橡膠上，把這些凹凸鐵板放上去壓製，然後釘在鞋子下面，會成了什麼？

當他把這片橡膠釘在他太太的鞋子底下，結果他太太走起路來感覺非常舒服，這位教授接著就應用到運動鞋上頭。

一雙很有彈性、防潮的耐吉運動鞋就誕生了，不僅廣受歡迎，也造就了全世界第一品牌的傳奇。

◇◇◇◇◇◇◇◇◇◇◇◇◇◇◇◇◇◇◇◇◇◇◇◇◇◇◇◇◇◇◇◇◇◇◇◇

第十一個問題：有沒有和ＸＸＸ相關的成語或民間故事，可以拿來做創意的題材？如果沒有，找同音字或相近的音也可以。

如果拿起碗，你也可以這樣問：有沒有和碗相關的成語或民間故事，可以拿來做創意的題材？如果沒有，找同音字或相近的音也可以？

有沒有聽過大器「碗」成？（大器晚成）

每一個碗都想要出人頭地啊！有些碗一出生就是名門貴族，可是一個大器晚成的碗，必須等到一百年以上，或是更久，或是遇到某名人摸它一下，它才會有歷史價值。

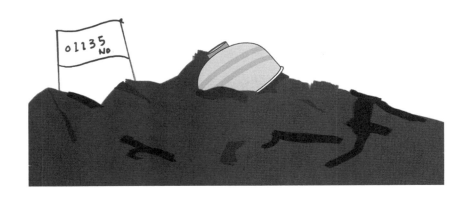

我曾聽說一個民間故事，當然，這和碗有關係。

有一位好老好老的老人家，他看起來很可憐。可憐的型式千千百百種，他這一種應該是最無奈的。

他有兒子，也有媳婦，更有孫子，他住在兒子家受到他們的奉養，這本來是一件很令人滿足的事情；可惜的是，他的媳婦嫌他不事生產、浪費時間、一無是處、礙手礙腳……。

所以這位可憐的老人就常被媳婦罵，嗯！應該是常常受到「語言暴力」吧！動不動就被罵，尤其是動作慢的時候。

有一天，當他吃飯的時候，一不小心脫手將瓷碗掉落地上，一陣清脆的裂碎聲激怒了媳婦，唉！免不了又是一頓罵。不過，正當媳婦罵完之後，轉身出門之時，卻看到自己的寶貝兒子正在雕刻一塊木頭。她隨口一問，寶貝兒子，你現在在做什麼啊？

不料這「小子」竟然脫口而出：做一個木碗啊！給妳老了的時候用的。

真是一語刺穿媳婦的心啊！

她這時才驚覺到自己的不孝，意識到自己的言行竟然已經深深地影響到下一代了。

從此以後，她一改以前的不孝行為，變成一位街坊鄰居稱頌的好媳婦。

當年度，這位媳婦當選了年度悔改速度最快的女人。

┌─────────────────────────────┐
【你也可以這麼想】
1. 晚、挽、宛、婉、皖、輓、莞、蜿…
　…先選一個來玩吧！
2. 小時候聽到哪些事？看過哪些童話故
　事？
└─────────────────────────────┘

　　碗、晚、碗晚、晚碗，能不
能玩出什麼花樣？

　　晚上，晚上的碗，有月亮圖
案的碗，啊！「碗」青天是也！

　　晚年，老人專用的碗，根據老人無力不便的手掌專門設計
的。

晚報，在報紙版面專門開闢一專欄，報導碗或其他餐飲相關的訊息，是餐飲業每天必看的「碗」專欄。

晚輩，小孩子專用的碗，不僅摔不破，還加上他們最喜愛的卡通明星，甚至還可以就地旋轉當玩具呢！

晚霞，一幅寧靜祥和的晚霞圖案的碗，讓你能在一片寧靜祥和的氣氛下用餐。

【你也可以這麼想】
1. 找一個字，翻字典，把所有的語詞全部寫下來，開始聯想。
2. 從歷史人物、周遭生活用品、大自然景觀等，都可以聯想一些事物。

　　婉謝，不好意思婉謝的話，就送一組碗給他，上面寫謝字就得了吧！

　　婉轉，把碗的造型做得「婉轉」一點。

　　婉勸，小孩偏食專用的碗，利用圖畫及委婉的說詞規勸他，不要偏食。

　　宛若，一個看起來「宛若天仙」的碗。

　　挽回，丟棄後，其材質可以再挽回，有環保概念喔！

　　挽留，碗的造型做得讓人捨不得丟掉，一直想要挽留。

　　挽救，發明一種特殊黏膠吧！碗破了還可以黏住，而且是有顏色的黏膠，拿一個有裂痕的碗，別有滋味在心頭。

　　彈丸之地，是說香港嗎？還是裝著貢丸湯的碗？

　　越玩，想法會越多樣，當心，會上癮喔！

創意加油站(7)

◇◇

　　分析造成災難的原理，可能也可以變成另一領域的創新技術。

　　1954年冬天，英國一艘三萬兩千噸的油船在愛爾蘭海面航行，船體突然斷裂沉沒。經查明造成該災難的原因，是「冷脆」現象，金屬材料在低溫下變脆而折斷。

　　這是很可怕的現象，但是在另一方面，冷脆正好是破碎金屬材料的好方法；於是，低溫粉碎的技術就誕生了。

　　以前人們經常使用電弧來切割，但是速度太慢，效率很低。

　　現在採用低溫粉碎的技術，一小時就可粉碎廢鋼材三十噸，這個粉碎技術還可以用來粉碎塑料、橡膠、食品、香料、中草藥等，一個運作原理或是現象，可以運用無窮。

◇◇

第十二個問題：如果沒有×××，將會……

如果拿起碗，你也可以這樣問：如果沒有碗，將會……

如果沒有碗，大家就改吃飯糰囉！

沒有碗裝米飯，揉成一團也可以吃啊！

所以，一句新的歇後語就出來了，飯糰子打狗。

如果沒有碗，就放在鼎、大鍋、盤子裡面吃飯啦！

說它是超大碗也好，總之，以後吃飯的「氣勢」滿大的。

　　啊！如果要喝湯，當然也要用鼎喔！

　　只不過，到了那時，每個人恐怕得準備長長的吸管比較方便吧！

【你也可以這麼想】
1. 我還可以有哪些方式吃飯？
2. 和碗一樣具有凹陷形狀的器具有哪些物品？

153

沒有關係，我都是吃麵包、喝牛奶的。

沒有碗了嗎？什麼時候沒有的？

那以後就拿盤子當家好了，洗碗機改裝為洗盤機。

「碗盤」應該講成「盤們」。

擲骰子，嗯！能不能用盤子？

喝湯就麻煩了，每次都只能盛那薄薄的一層湯。

【你也可以這麼想】
1. 哪些食物不需要使用碗？
2. 想一想有哪些成語有和「碗」類似的音？
3. 碗沒有了？誰出頭？誰會當家？

　　思考一下沒有的話，會產生哪些情況？是正面或反面的影響？有時候把東西抽掉，反而是一種另類刺激，也可以促使孩子聯想其他的事物。

第一到第十二個問題應用到「碗」的成果

不要小看這十二個問題喔，只是拿出一個碗，就可以聯想出這麼多的想法，只是稍稍地把這個想法整理一下，隨便挑幾個不錯的想法做可以執行的行動計畫，就產生了以下的創意：

- ➾ 做一個和雨傘形狀相似的碗，然後倒著放，就可以盛飯了。
- ➾ 防水布做的碗，簡單的彈性結構，按一下就撐開了，變成碗，不用的話就摺疊收起來。
- ➾ 碗形狀的椅子，蓋上去成了椅子，倒過來，還可以浮在水面當椅子。
- ➾ 整個是鏡面光亮耀目的碗，很另類！
- ➾ 碗裡的水放多寡，其音調自有不同，可以辦一場以碗為主要打擊樂器的音樂會。
- ➾ 請藝術家用碗當主題，創作一面壁畫。
- ➾ 做一個旁邊加個小彎槽把手的碗，讓老人的手可以有用力的支點，捧碗會更穩當。
- ➾ 做一個可以適度放大縮小的蓋子，蓋在不同圓周的碗上面，泡麵用。
- ➾ 做一組碗形的音樂編鐘，敲起來聲音一定很清脆。
- ➾ 設計一組以青銅器紋飾為主的碗。

◯ 把世界地圖印在碗上，剛剛好一圈。

◯ 在碗裡面鑲上一條純銀的直線，一邊吃飯可以一邊偵測有沒有毒。

◯ 蝴蝶或其他動物造型的碗。

◯ 製作梅花花瓣形狀的碗，組合起來就是一朵梅花，國宴專用碗。

◯ 寫一本世界名碗的書。

教師專用的創意
教學作業二十單元

🐾 本作業單的使用對象

使用者是教師，想要教創意的教師。

使用對象當然是學生，創意思考正式課程、創造思考研習營、創意思維訓練短期班的學生。

或是，在家裡想要自行練習、鍛鍊自己的創造能力的人。

🐾 作業的份量設計

二十個單元的創意作業，夠你一年的份量了，一學期十八堂課，出十個單元的作業，剛好是學生承受作業壓力的極限，兩學期剛好夠用；如果只有一學期的課，就讓學生挑喜歡做的十個作業；如果是只有三、五天的創意研習營，也可以分組創作，大家

一起分享創作的成果與喜悅。

學生交作業方式

　　學生可以在作業單的空格處把想法畫出來，或是製作成品以數位相機拍下來貼上去，或是將想法寫出來等任何型式，只要能夠完整表達出創意的想法都可以。

創意想法觀摩

　　請你先徵得學生本人的同意，將學生創意的想法或圖片，註明學生姓名與學校，e-mail到我的電子信箱leoyuan@ms4.hinet.net，我會將這些創意作品置放在我個人的網站或部落格，我會依照各單元分別將創意作品貼上去。你也可以將別人的創意作品下載，在上課的時候給學生看，用以激發他們的想法。記著，你也要在作品旁邊註明創作者喔！如果你在網站上沒有看到多少的作品，就表示沒有人上傳給我，所以，就請從你開始，把創意作品傳給我，大家一起共享資源，創意教學才會有具體的成效。

創意加油站(8)

◇◇◇◇◇◇◇◇◇◇◇◇◇◇◇◇◇◇◇◇◇◇◇◇◇◇◇◇◇◇◇◇◇◇◇

　　一個簡單的技術，把香精油包藏在微膠囊裡面，這些細小微米等級的膠囊，可以混在油墨裡印刷在織物上，成了香味布、香味毛線、香味枕巾、香味襪子、香味手帕等等。

　　你也可以應用到香味唱片，一邊聽歌，同時聞到草原氣味。

　　在家具表面塗上香味漆，不僅芳香飄逸，而且還可以驅蚊。

　　在枕頭旁邊放一個香味安眠設備；汽車內使用香味鑰匙串；吸塵器出風口散發香味，使屋內充滿宜人香味；烹飪書裡面塗上菜餚香味，一邊看食譜，一邊聞香味；洗一個香噴噴的芳香浴；在客廳鋪上一張香味地毯；你看，充分應用香味的功能，到處都有香味新產品。

◇◇◇◇◇◇◇◇◇◇◇◇◇◇◇◇◇◇◇◇◇◇◇◇◇◇◇◇◇◇◇◇◇◇◇

第一單元：來玩真正的文字遊戲吧！

中國的文字本來就是從大自然各種形象簡化成線條而來的，寫中國字就好像在畫一幅幅圖畫一樣，所以，如果我們仔細去欣賞這些中國文字的話，每一個形狀都有一些圖畫的想像空間喔！例如：日、月、雨、火、水、上、下、人、天等字，是不是和大自然事物外形神似？現在，如果我們把文字和圖畫結合，能夠玩什麼「文字遊戲」呢？

看到「雨」字，我們可不可以在上面放幾朵烏雲，下方那四點就是雨滴？你知道嗎？有位設計師就是將陶土燒成一朵雲，中間穿幾個洞，放在杯子上面，當你倒水下來以後，就好像在下雨一樣呢！一個有想像力的文字遊戲，也可以有很多延伸的新想法喔！

怎麼將「火」圖案化呢？是不是只要改變顏色就好了？還是將實際火的型態編排成「火」字形？你多畫一些圖案，就可以延伸一些新形狀或新造型。

這個字你認得吧？

兩隻手摸來摸去，應該就是大家口中所說的「摸摸茶」吧！適當地使用圖案，就可以充分表達喔！

如果你要寫「嚴重警告」，你要怎麼表達？要很幽默地表達？

嚴重警告

還是要很嚴肅地警告？還是要冷冷地提醒？

如果你要設計「嚇一跳」、「破口大罵」等字，你會怎麼去設計它們？現在你的腦中有沒有浮現出一些畫面來？

多去聯想一些事物看看，我們平常也需要一些聯想力，事情就可以做得很順手，當你要勸別人不要抽菸的時候，你可以正經八百地告誡他，也可以用幽默的方式告訴他，你不妨拿一隻天鵝、一隻鴕鳥或是一隻鴨子的頭部，然後在牠們的嘴邊叼一根香菸，反問抽菸的朋友，這樣很自然嗎？

當你在辦公室很忙，不要別人打擾你，又要使用比較幽默的方式表達，因為這樣比較不會傷害到別人，你要怎麼表達？弄一個娃娃小人的屁股，說現在不要打我，也不要找我？還是掛一個幽默表現的「嚴重警告」？這時候，你就需要使用聯想力囉！想一些比較有趣的方式來表達你當時的心情或請求。

練習看看，使用一些聯想力，設計以下的文字，讓文字配合圖案，更能夠表達出該文字原本的含意。

1. 超音速	2. 慢郎中
3. 高個子	4. 矮冬瓜
5. 肥嘟嘟	6. 瘦巴巴

7. 快樂似神仙	8. 悲傷過度
9. 鬱悶	10. 懷疑

創意加油站(9)

◇◇◇◇◇◇◇◇◇◇◇◇◇◇◇◇◇◇◇◇◇◇◇◇◇◇◇◇◇◇◇◇◇

　　無形的音樂，功能也很大喔！在皮球內裝上發聲電子裝置，成了音樂皮球，一拍球，就在蹦蹦跳跳中響出樂音。

　　乳牛聽音樂能夠增加沁乳量；懷孕的母豬每天聽音樂，就會在白天分娩；母雞天天聽音樂，可以提高產蛋率。

　　在手套內裝上發聲電子裝置，隨著握手的強度不同，可發出不同的音階，一拍打，還可以演奏打擊樂。

　　利用音樂治病，利用音樂傳遞暗號，在戰場上利用音樂擊垮敵人的鬥志，播放思鄉曲就悲不可抑。

　　作物栽培也可以利用音樂，聽說番茄喜歡浪漫樂音，南瓜愛簫聲。印度曾對水稻播放拉加樂曲，水稻增產25%至60%。

◇◇◇◇◇◇◇◇◇◇◇◇◇◇◇◇◇◇◇◇◇◇◇◇◇◇◇◇◇◇◇◇◇

第二單元：腦子想的、手上玩的都是動物！

　　要設計一個新鮮的生活用品，其實很簡單，最好用的一招就是結合各種動物就可以了。你先看看，這麼多創意的產品，都是利用某種動物、某個部位的特性去結合的。

　　利用毛毛蟲一節一節的造型，剛好是CD的架子；鱷魚的大嘴巴，就是切割東西的利刃；別人都說木馬搖椅，也可以是木兔啊！豬那種「臃腫的」臉龐，剛好塞在烤麵包機；我們經常喝牛奶，如果將乳牛的黑點圖案印在杯子上，感覺就更像了；戴了一個白色或花色的口罩，覺得很無聊吧！想一想，口罩戴的位置剛好是鼻子和嘴巴，如果這個位置畫其他動物的鼻子、嘴巴的圖案，動物和人的器官「組合」起來一定很有趣！天天梳頭，梳子大多是單調簡潔的造型而已，多用一些想像力吧！在一個小小的橢圓形圖案空間裡，放上一隻青蛙好不好？

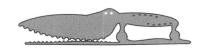

　　你看，要設計一些新產品真的很簡單！

　　只要運用屬性列舉法就可以設計新產品，利用毛毛蟲一節節的外形，可以做哪些用途？放CD唱盤？每一節都可以掛東西？每一節都是按鍵？每一節的顏色都不一樣，把每一節拔起來，可以當磁鐵吸盤？一節節，也可以想成一根根的、一塊塊的、一圈圈的，就可以做棋盤的棋子、圖釘、小鋼珠等等新產品的組合造型。

　　你看，利用毛毛蟲一節節的特性，就可以玩這麼多的創意。

　　鱷魚、鴨子、鯊魚、老虎的嘴巴，可以做哪些用途？咬牙膏、含名片，或是當刀子切開東西？

　　想想看，利用哪些動物的特性，可以將哪個物品的某部分做改良或修正？兩邊連連看，然後集中心力去想像一下，把想法寫下來或畫出來。

長頸鹿	檯燈
鴨子	胡椒罐
海豚	名片夾
老鷹	鍵盤
蜘蛛	手機吊飾
金龜子	吹風機
蝴蝶	原子筆
貓頭鷹	盤子
猴子	花瓶
豹	菸灰缸

請想出兩個產品設計，畫在下面空白處。

第三單元：就是一個小東西，也有它的感情世界啊！

讓我們來為身邊的小物品編一個愛情故事吧！或是編一個冒險故事也可以。

其實，只要把每一個小東西都當成一個人，你就會發現「每一個人」都有一些表情，一些動作，互動產生的情感及故事；把這些畫面串連起來，可以編一套連環漫畫，或是小短片等。創意就是這樣，一個簡單的想法慢慢地延伸擴大。

你看，一根鐵釘做適度的彎曲，就能夠產生這麼多的表情！兩個「人」各坐在椅子的一端含情脈脈，很想說些什麼；舒服地躺在浴缸裡面；聚精會神地下棋；抱抱親親；在小木舟談天；睡在一起；在棒球場的看台上談事情等等，只要是你平常在做的事情，這些釘子都能做。

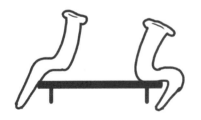 

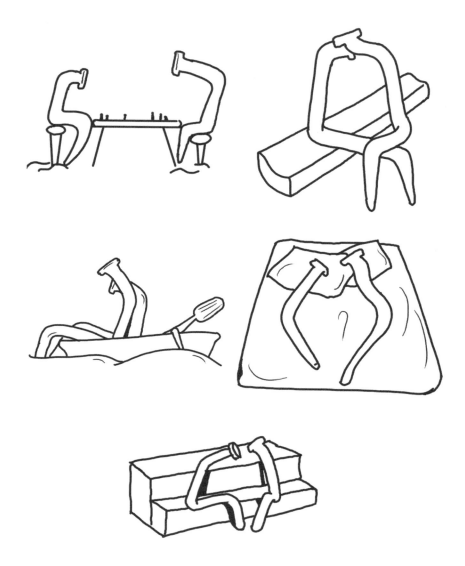

　　有想法了嗎？把一個沒有感情的東西人性化，這世界就沒有那麼冷漠了。

　　你隨手拿起一些生活用品或文具，例如牙刷和牙膏、梳子、原子筆、直尺和三角尺、圓規、鑰匙等，把它們想像成一個人，先編一個簡單的故事，做四格漫畫，這樣應該很有趣。

　　試試看，畫在以下的四格漫畫空格內。

創意加油站(10)

顏色，可以玩的花樣也很多。

只要在水泥裡面加入二氧化鈷，水泥就會隨濕度變色，晴天的水泥是藍色的，陰天是紫色，下雨天成了玫瑰紅色。

做一組四季特徵的玻璃杯，當你注入冰水，玻璃杯上的花朵圖案就變色，四季的花朵顏色變化多樣。

弄一支像牙刷般的變色體溫計，讓幼兒含在口中一分鐘，取出後就可以知道體溫數據了。

特快車、普通車等不同客車塗上不同的顏色，方便乘客辨認。

做一把顏色槍，遇到違反交通規則並且逃走的汽車，把顏料噴在車上，擦洗不掉，車主賴也賴不掉。

第四單元：隨便挑對象，椅子就會有新花樣！

你常常看到別人開發一堆新造型的產品，會不會很羨慕？其實只要用「隨機字詞」這個方法，一堆的創意會讓你不知道哪一個創意比較適當。隨機字詞，就是隨便挑一個語詞，然後就從這個語詞去聯想一些功能、顏色、造型、材料、用途、各個人事時地物等等，再挑選其中一些結合於你想要開發的事物上。

例如：網子結合椅子，可以做一張網椅；英文字母X，可以做X形的椅子；鬱金香做椅子，花形就是很好的椅子造型；一筆畫成做一張椅子，乾淨俐落；高樓大廈的概念結合椅子，椅背就設計得高高的；輪胎或圓筒應用在椅子上，可以成為圓滾滾的椅子；白鷺鷥清秀的身影，椅子也可以很秀麗；看到溪邊有位小孩雙手捧水喝，如果設計在椅子上，也可以做出類似的形狀；橢圓形有張力彈性的橡膠，正是做一張椅子的最佳材料；鮮紅色誘人的嘴唇，也可以做一張很迷人的椅子。

隨便挑一個語詞、東西或概念，應用在你想要開發的物品，創意就冒出一堆。

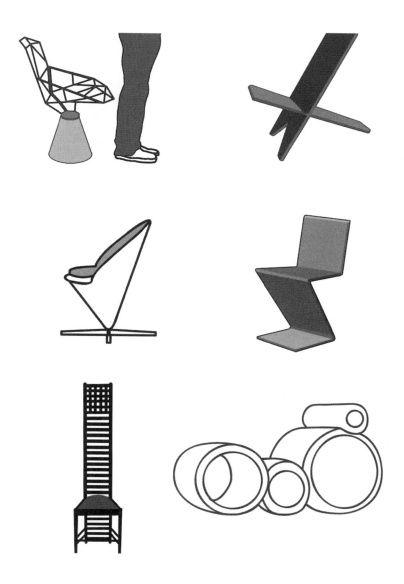

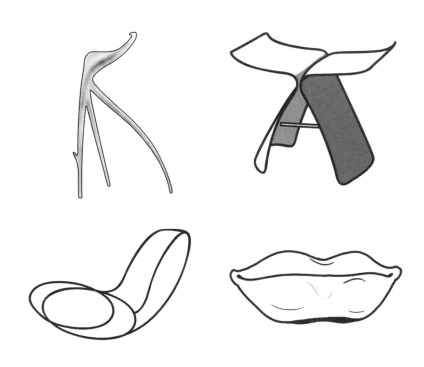

　　練習一下，很簡單的，只要善用一些激發創意的小技巧，你也可以想出一些具有創意設計的新型椅子。思考的時候，一個小提醒，隨機字詞所挑出的語詞或東西，只是一個思考的方向指引，並不是一定要將它的外形原樣套用，這樣就太沒有創意了，如果你挑到「銅鑼」，並不是做一張銅鑼外形的椅子，而是從銅鑼開始聯想，它會發生巨響、金屬做的、兩片碰撞發出聲音等等，

延伸出來的眾多概念就是你創意結合的資源。

杯子＋椅子＝玻璃材質的椅子，四周有保護功能的椅子……

彈珠＋椅子＝附有指壓球的椅子，把手可以滾動的椅子……

青蛙＋椅子＝可浮在水面上的椅子，防水處理的椅子……

平底鍋上面的水＋椅子＝配合時間振動的椅子，冬天可以保暖養生的椅子……

溫泉浴缸＋椅子＝可保暖腰部的椅子，可定溫的椅子……

輪胎＋椅子＝像氣球一樣能夠吹大縮小的椅子，邊角防止碰撞的椅子……

咖啡，你聯想到什麼？寫下來，和椅子結合，可以形成什麼功能或造型的椅子？

橡皮擦，它的用途有哪些？寫下來，和椅子結合，可以形成什麼功能或造型的椅子？

豆腐，一般人對它有什麼看法？它的外形、密度、觸感如何？寫下來，和椅子結合，可以形成什麼功能或造型的椅子？

釣魚工具，它使用的情況如何？配件有什麼功能？寫下來，和椅子結合，可以形成什麼功能或造型的椅子？

虱目魚，牠的外形有什麼特色？寫下來，和椅子結合，可以形成什麼功能或造型的椅子？

　　請想出兩個新形狀的椅子，你可以從上面的新椅子想法發展出來，或是自己隨意想兩個語詞，自己也開發出兩個新椅子，然後畫在下方空白處。

創意加油站(11)

模仿自然型態，也可以創造新產品喔！

飛機或太空梭形狀的餐廳、大型安全帽的涼亭、足球形狀的水果攤位、酒杯形狀的打火機、牙齒形狀的磚頭、小黃瓜電話、菊花沙發、馬靴形狀的汽車、書本形狀的茶几等等，隨便翻閱百科全書任何一個事物，套用在你面前的器具，就是新樣式了。

稍微用一點想像力，服飾就有花樣了。想想，喇叭花形的短裙、輕盈的鴿子服、寬鬆的蝙蝠衫、鳥翅形狀的肩章、纖巧鳥趾的高跟鞋、燕尾服等等，只要多聯想一些動植物形狀，服飾就有機會變化萬千。

第五單元：每天要吃的食物，也可以裝得很可愛！

把每一件食品的造型或是花紋弄得很可愛，這樣會不會比較有食慾？賣相也會比較好？

你只要仔細想一想，這個食品的製造過程中，哪一段過程可以稍做變化，所展現出來的外觀就會不一樣了。就拿火腿來說吧！只要在火腿製造過程中，把肉類原料做適當的安排鋪陳，一些顏色不同的肉類稍做堆疊設計，橫切面的圖案就可以很可愛，這就像做壽司一樣，花樣隨你設計，壽司的圖案應該可以弄一些卡通圖案啊！

不要把創造力想得太神聖完美，好像一定要創造出前無古人的產品才叫有創意，這樣壓力太大了吧！而且也不需要。就拿這個咖啡杯上的泡沫來說，大家在喝咖啡之前，也會習慣地玩上幾把，繞繞圈，看它們流動的樣子，還滿好玩的。何不索性就正經

八百地弄個圖案？弄個動物、植物、雪人、卡通、漫畫人物等都
可以，每個月只要練習一個圖案，這家咖啡館每個月就可以創造

一個新的話題了。

所以啊！如果你要調一杯很特別的雞尾酒、為朋友製作一個造型特殊的蛋糕，或是幫小孩子烘焙一個超可愛的麵包，你現在應該有一些想法了吧！

來吧！挑一個產品，好好地想十個造型，把你的想法畫在下面十個空格裡面吧！

如果你想不出來要挑什麼產品，那選蛋糕來試試如何？

第六單元：現代科技或人物放在古董上，感覺如何？

　　要想創造一個感覺新鮮的圖案，其實很簡單，只要將古代的圖畫和現代的事物結合在一起，就可以創造新的圖像，甚至還可以編造新的故事呢！如果你要創造視覺的震撼力，方法很簡單，「結合」即可，例如龐克頭上頭髮在拍手、一隻螃蟹學李小龍耍武功等等，結合就可以創造新影像。

　　如果在埃及壁畫上，將婀娜多姿的美女改換為蝙蝠俠，感覺很酷吧！你可以說在古代埃及已經有蝙蝠俠了，你也可以說蝙蝠俠在埃及幫忙打擊犯罪，你甚至可以編一篇蝙蝠俠在埃及的一連串英勇事蹟呢！

　　試著想想看，在這一幅東漢畫像磚《弋射收穫畫像磚》的圖像裡面，你可以置換哪一個圖像、把現代哪個事物替代上去？然後，你編一個故事，可以說得過去的創意情節。

　　如果你找到下頁這一幅敦煌壁畫，你覺得在裡面的哪一個小局部可以拿現代的一些生活小家電或隨身科技產品加上去？編一個比較炫的故事，應該很好玩！

　　如果你有辦法，就上網抓一張歷代的國畫或壁畫，加上現代科技產品，做圖看看。

　　不然，你也可以拿上述那三幅畫開始編故事，一篇大家聽都沒有聽過的精彩故事，寫兩、三百字就好了，精彩故事不需要字數多，請你寫在下方空白處。

創意加油站(12)

◇◇◇◇◇◇◇◇◇◇◇◇◇◇◇◇◇◇◇◇◇◇◇◇◇◇◇◇◇◇◇◇

　　有時候，將毫不相關的產業知識應用到自身的專業上，很有可能撞出一個新產物。足球教練紐特・洛克尼在觀賞鬧劇的合唱團隊伍變換式時，想出了在球場上外野手「四馬車伕」式的運行變化。第一次世界大戰，軍事設計家們以畢卡索和勃拉克的方塊藝術，創造了更有效的坦克車、大砲的偽裝模型。數學家約翰・馮紐曼在撲克牌桌上發展出經濟學的「賽局理論」。第二次世界大戰，美國軍事密碼無法被人解破，據說他們是以那瓦喬語言為基礎。別忘了，萊特兄弟原是腳踏車修理工人。

　　我們需要專才，更需要通才的配合，才能成就創新事業。

◇◇◇◇◇◇◇◇◇◇◇◇◇◇◇◇◇◇◇◇◇◇◇◇◇◇◇◇◇◇◇◇

第七單元：每一種動物或植物，都有它最佳的表現型式。

俗云「佛要金裝」，人要衣裝，穿什麼樣的服飾，感覺就不同。

動物也是一樣，每隻動物都有其強烈的個性，其實你也把牠們當做一個人來看，給牠們適當的服飾裝扮，牠們也是很有型的。

你需要的，只是多加一點想像力就好了。你不必太注意這是哪一種動物，你只要大略上看牠們的造型，感受一下有什麼樣的感覺，如果加上什麼服飾配件，這個感覺就更強烈了。如果你有這樣的想法，就試著畫一下看看啊！

如果考量牠們的個性與專長，如果牠們可以演唱的話，搭配合適的樂器，牠們在大自然或街頭演唱，也是很有看頭的。

　　創意會讓這世界顯得更多彩有趣，多花一些心思裝扮身邊的事物，你會創造很多驚奇喔！

　　來幫植物穿衣服吧！充分展現它應有的風采。左邊是花的圖樣，請在右邊空格為這朵花穿衣服，或是增加一些配件，或是背景。要是你想要更為奇異夢幻，也很歡迎啊！不要怕，嘗試一些以前不敢想的事情，有這種經驗也不錯呢！

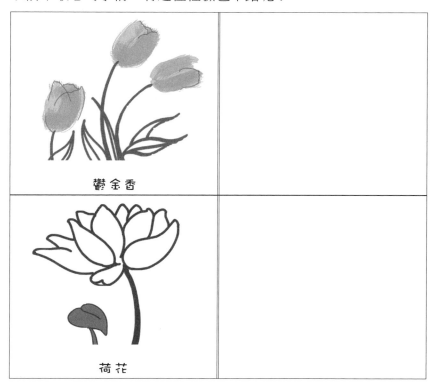

鬱金香

荷花

向日葵

百合花

蝴蝶蘭

梅花

第八單元：隨手拿毛巾，就可以千變萬化。

只要你肯用心，一個簡單的東西要搞笑、搞可愛都很容易。
你看，一條平常在使用的毛巾，你可以摺得和當兵時把棉被摺得
像豆腐一樣，每一個邊都切得很整齊；你也可以摺一隻蝴蝶，看
起來有朝氣一些；你也可以摺一隻鱷魚，令人驚豔。

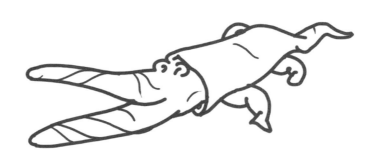

　　如果拿男性襯衫應該更好玩，有兩個袖子可以隨意發揮，只要你設定表現的主題型式，應該都可以做得到。你看，光是臉型，就可以利用襯衫玩這麼多的表情！一個小鈕釦可以是一個眼睛，也可以將袖子圍一圈成了一團大眼睛！

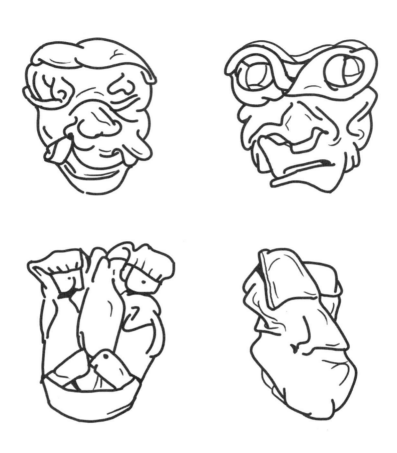

　　想不想玩啊！就隨手拿出手帕吧！或是一張A4影印紙都可以。

　　先設想一個主題，例如動物、植物，或是文具都可以。

然後設計出八個，拍下來，貼上去，是你創造新事物的美好
回憶。

創意加油站(13)

◇◇◇◇◇◇◇◇◇◇◇◇◇◇◇◇◇◇◇◇◇◇◇◇◇◇◇◇◇◇◇◇◇

　　設定目標，問清楚的問題最重要，接下來的答案，就可以開始廣蒐事物，逐一實驗求解了。

　　戴爾‧史壯姆培爾是科幻影片「二〇二〇年」的音效設計師。他的工作任務是要做出一艘太空船在木星氣層裡快速減速的聲音。要怎麼做出這樣的聲音呢？

　　經過許多的實驗之後，他拿一些乾冰放在一片金屬片上，在金屬片下燃燒一支火把，並且把麥克風放在附近。

　　乾冰快速溶化的聲音正是他想要製造出來的音效。

　　重點是，要放開自己既有的觀念桎梏，就容易有新鮮的答案。

◇◇◇◇◇◇◇◇◇◇◇◇◇◇◇◇◇◇◇◇◇◇◇◇◇◇◇◇◇◇◇◇◇

第九單元：把水果想像成一個人，它就有很多表情喔！

如果你仔細去觀察每一個人的臉型，外國人的臉型也一併觀察，你應該會發現，有好多形狀的臉呢！如果你看漫畫家所描繪的臉形，那更誇張呢！

拿人們的臉形和水果相對照，你可以想像一下，水果的形狀與顏色也代表著某些個性，如果適當地加些帽子或頭巾，應該可以「暗示」出是哪一位歷史人物，或是哪一位明星；他們大多有一些很好辨認的特徵，你可以掌握這個特色，加上一些裝飾品即可。

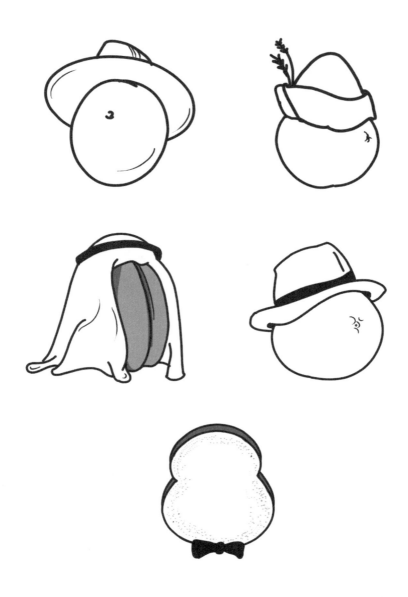

就是拿香蕉來玩，這個單調的造型也可以做出豐富的表情或故事。其實你只要把香蕉想成是一個人，香蕉會不會生氣？香蕉高興的表情如何？香蕉會不會戀愛？如果香蕉表演的時候會做出什麼動作？香蕉泡澡？成立一個香蕉合唱團怎麼樣？香蕉去划船？要是香蕉老了？任何一個想法，都可以讓香蕉發揮它另一種魅力與特質。

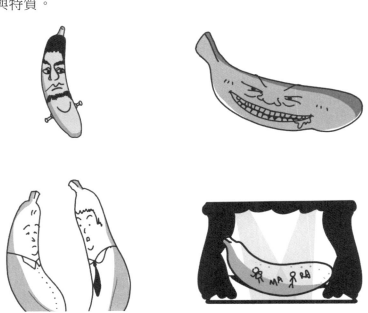

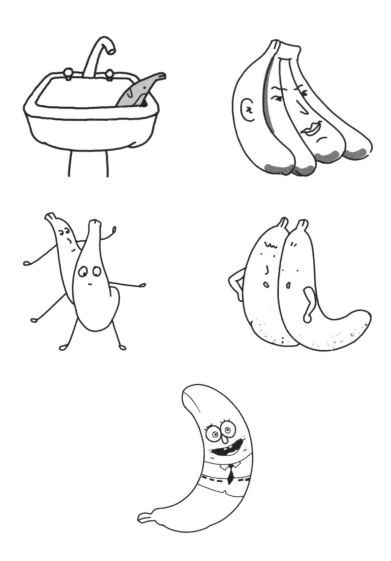

　　要不要來玩玩看？蘋果、奇異果、西瓜、草莓等水果都可以。

　　你自己編表情、場景、故事等，拿實物裝飾後拍照，或是直接將想法畫出來，都可以。

　　以下八個空格給你發揮創意喔！

第十單元：開門之前和之後，總是充滿期待！

　　在一些用品加一點巧思，生活與心情變得更愉快，這應該是有益無害哩！就拿平常都會搭的電梯來說，單調的兩面銀灰色電梯門，每天看著它們開開關關，看得創意的心都麻痺掉了。

　　想想花樣吧！只要你肯動腦，就一定會有新鮮的創意。

　　你看，一位大力士的手慢慢地拉開電梯門。

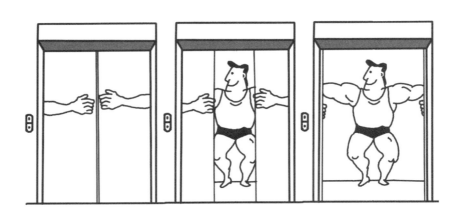

　　而這些小孩、女生或男性上班族，本來快要吃到漢堡、薯條，沒想到門一開，就離得更遠了。

　　一定還有很新鮮的創意，你一定可以想得到，以下有兩組門讓你來想一想，每一組門分別畫出開門、門半開和關門的情況，多去思考其他的表現，例如動物跑跳、飛翔、掠奪等，或是老闆訓斥員工、老師與學生的互動、文房四寶的安排、快遞公司的動作、飛機與火車的競逐等等，各方面多去想一想，想出更鮮的創意出來。

開門

門半開

關門

開門

門半開

關門

第十一單元：滑鼠？這些是滑鼠嗎？

只要你敢想，敢做出來，就會有人「敢」喜歡你。

沒有什麼好怕的，也沒有什麼不能做的，沒有人綁你，大部分的時間都是自己「不知道怎麼說」的觀念綁自己。

誰說滑鼠一定要是那個單調的樣子？滑鼠也有「傳統」造型嗎？改一下滑鼠的造型會被誰罵？

如果以上都沒有什麼問題，那就改變滑鼠的造型吧！如果滑鼠是足球，如果滑鼠也是搖桿，如果滑鼠是手機，如果滑鼠是汽車，如果滑鼠是水管工人，如果滑鼠是指標，如果滑鼠真的是一隻老鼠，如果滑鼠是安全帽，想什麼，滑鼠就可以創造出什麼。

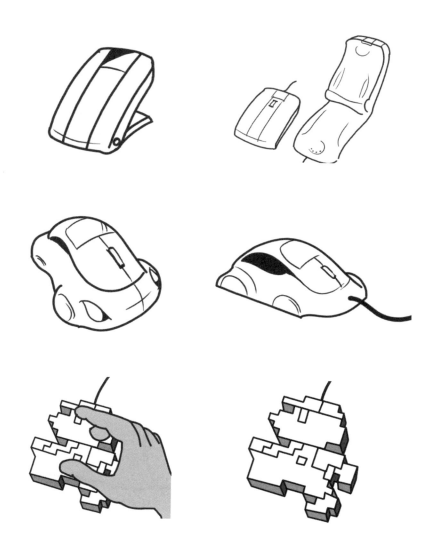

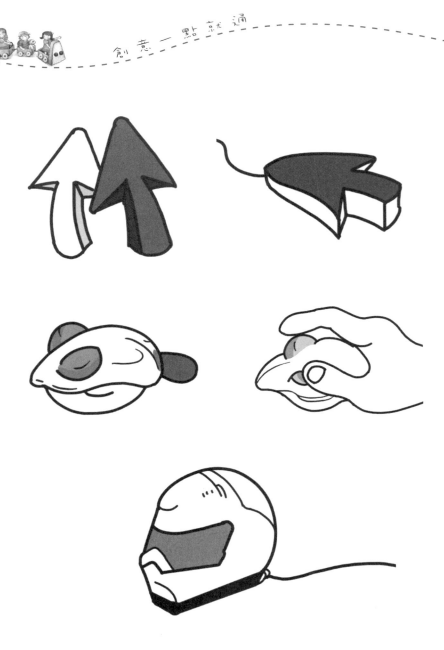

　　來想新造型的音響吧！如果音響是金字塔，如果音響是凱蒂貓，如果音響是飛碟，如果音響是花瓶，如果你肯放開心去聯想，你一定可以想出一大堆新鮮的音響造型，想十個新音響造型，在空格內畫出來吧！

創意加油站(14)

逆轉想法，往往是開創新方向的好法子。

卡爾‧德烈希是一九五〇年代發展避孕丸及殺蟲藥的負責人。他一直很關心殺蟲藥引起某些昆蟲的消失，生態平衡因而破壞，而對人體健康產生不利的影響，也引起經濟衰退的隱憂。

當然，和一般的科學家一樣，他也關心殺蟲劑對整個環境有反效果的壞處。他自問：我要如何消滅害蟲，而又不會破壞環境呢？他反覆地思索，一逆轉想法，突然想到著重於生，不是死。

如果我們阻止昆蟲的出生，而不是去殺害牠們？如果我們能給牠們一種特殊的賀爾蒙，用以阻止其生殖器官成熟，牠們便無法繁殖了。他成功了，這樣的逆轉想法也可以套用在其他地方。

第十二單元：冷冰冰變成暖呼呼，科技產品人性化！

一看到電器用品，尤其是電腦，總是給你金屬銀色冷調的感覺，你習慣了嗎？還是認為這些電器產品本來就應該是這樣的顏色？你會不會想要改變一下？只要你有一股質疑現有狀態的心，你就有創意動機了。

其實現在市面上大部分的電器用品，其外形大都偏銀色冷調，這並不是受限於傳統，而是剛開始工程師設計這一款式，產品賣得動，後來的工程師因循苟且，深怕改變一下造型與顏色，消費者不習慣新的造型，搞不好因為改變了外形而致使銷售量下滑，幾經盤算，還是打安全牌，照著前人設計的款式去做比較保險些。

如果你有多餘的行銷經費，應該設計一個新款式闖一闖啊！

現在市場上有一些產品的設計很吸引人，觀念也很新穎，這都是「敢」於突破窠臼型式的成果！

創意的門檻很低啊！你可以想一想，電腦可以做得很古董，全部使用木頭與古代算術工具的造型，這樣電腦也可以很人性。

216

DVD光碟機之類的電器用品外殼使用木頭，整體看起來也很自然啊！

你可以多想想幾個創意吧！如何將一些看起來冷冰冰的電器，設計得暖呼呼的？筆記型電腦、電視、電腦螢幕、錄影機、電扇，觸目所及的電器用品，放膽去設計！想六個新款式出來吧！

創意加油站(15)

◇◇◇◇◇◇◇◇◇◇◇◇◇◇◇◇◇◇◇◇◇◇◇◇◇◇◇◇◇◇◇◇◇◇

哲學家狄克‧尼古羅西曾說：殺掉聖牛，可得到上好牛排。

偶爾違規一下，可能就有創意的解決方案。有一位會計師就是使用違規的方式用以減少書面作業。

每個月他都準備許多財務報表，然後一一送給客戶。他每一次都是準時完成報告，但是每六個月左右，他會故意慢幾天，看看哪位客戶會因為沒有準時收到報告，而暴跳如雷？如果有人哇哇叫，他就知道這份報告對他們是重要的。

如果有人不抱怨，他就會詢問是否仍然需要做一份特別的報告？就這樣，他得以除去許多不必要的書面報告。

◇◇◇◇◇◇◇◇◇◇◇◇◇◇◇◇◇◇◇◇◇◇◇◇◇◇◇◇◇◇◇◇◇◇

第十三單元：東湊西拼，只要能騎得動，就是腳踏車。

　　還好我們是人類，可以去想像，而想像出來的也有手腳可以製造出來，如果是蜥蜴就不行啦！

　　拿起筆來畫畫吧！筆尖稍微「野」一下，多放出去一點，想法多放縱一點，多去嘗試以前不敢想的造型，或是「亂」揮一下，再加以修飾，這樣的設計方法，有時候會產生以下的新型腳踏車。

如果腳踏車的前輪不見了，趕快去找有輪子的物品代替，購物車？它也有輪子呢，這倒是一個好點子。

如果鞋子是行走的工具，那麼「鞋子輪胎」的想法可行嗎？

使用其他的材料也可以嗎？拿木材來做？或是用氣球折成一個模型？

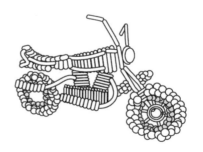

　　只要結合其他的物品，適度地做外形、顏色、功能等各方面的替代，就可以創造新產品了。

　　想想看桌上型的新造型檯燈，隨便抓其他的物品，鐵定有創新想法，想六種新造型出來吧！

<table>
<tr><td></td><td></td></tr>
<tr><td></td><td></td></tr>
<tr><td></td><td></td></tr>
</table>

創意加油站(16)

◇◇◇◇◇◇◇◇◇◇◇◇◇◇◇◇◇◇◇◇◇◇◇◇◇◇◇◇◇◇◇◇◇◇◇◇◇◇

好點子經常是捉摸不定的，有時候，最好的點子經常是「借來的」；要善用別人的好點子，改善之，事半功倍也。

卡內基曾說：我所說的點子都不是我自己的，而是向蘇格拉底、卻斯費得、耶穌基督借來、偷來的。然後我把這些點子寫在書裡。如果你連他們的至理名言都不喜歡，你還能用誰的點子呢？

西班牙披薩連鎖大王普加斯就是借用達美樂披薩外送服務的點子，他利用越來越多西班牙婦女走入職場的趨勢，嗅到了西班牙速食商機，投資了八萬美元，在馬德里開了披薩外送店，至今已僱有一萬三千名員工，在八個國家擁有七百六十個據點。

◇◇◇◇◇◇◇◇◇◇◇◇◇◇◇◇◇◇◇◇◇◇◇◇◇◇◇◇◇◇◇◇◇◇◇◇◇◇

第十四單元：看你的手指頭搖來搖去，它也在說話喔！

你小時候應該有把玩過你的小指頭，當玩偶演戲吧！現在還做不做這樣的遊戲？

小指頭動一動，你的想像力就啟動了，真的，你再試試看！

有趣吧！加些表情和背景，還可以編一套連環漫畫呢！

換你想了，試試腳趾頭看看，一個大腳掌加上五個腳趾頭，表情一定會更多，畫十二個表情看看，如果有背景加強氣氛營造，更好！

創意加油站(17)

◇◇◇◇◇◇◇◇◇◇◇◇◇◇◇◇◇◇◇◇◇◇◇◇◇◇◇◇◇◇◇◇◇◇◇◇◇◇

　　記不記得你小時候玩過一個遊戲，在一張長紙條上畫了幾條路，將紙捲起來，慢慢放開，讓對方走自己選的路，是生是死未可知。這樣的運作原理，也可以應用在書本上呢！

　　一九七〇年代，美國有一位律師帕卡創造一種書，「自己選擇冒險故事」，這本書讓讀者可以自己選擇故事的方向，當讀者遇到關鍵的多向岔路之時，他們可以自己決定要走哪一條路，然後接受最後的結局。

　　結果出書以後大為轟動，因為獨立自主的小孩都想要擁有控制權。這個書系出了一百八十多本，總印量高達好幾億冊。

◇◇◇◇◇◇◇◇◇◇◇◇◇◇◇◇◇◇◇◇◇◇◇◇◇◇◇◇◇◇◇◇◇◇◇◇◇◇

第十五單元：兩個字詞都要在你編的故事或句子之內喔！

竹竿是什麼形狀大家都知道，至於它的用途除了晾衣服以外，還能做什麼呢？

如果竹竿不見了，能以水管代替嗎？反之，如果水管不見了呢？功能替代就是變通想法開始啟動了。

如果把「竹竿」和「水管」這兩個語詞放在一起，請你寫一至四句話，裡面要包含這兩個語詞，你可以寫「竹竿中間打通就是水管」、「水管外面畫成是竹竿的樣子」，也可以這樣表達：「天上的水管漏水了，淋濕了晾在竹竿上的衣服。」

紅筆可以打出令人振奮的一百分，也可以殘忍地畫個零。而菜刀除了切菜以外，它的用途也很多！

紅筆和菜刀兩者如何搭配呢！雖然菜刀不能代替紅筆，但是紅筆所造成的某些效果和菜刀有異曲同工之妙。

如果把「紅筆」和「菜刀」這兩個語詞放在一起，請你寫一至四句話，裡面要包含這兩個語詞，你可以寫出「紅筆畫菜刀」、「菜刀砍紅筆」之類的話，你也可以這麼寫：「老師的紅筆像菜刀一樣，不停地砍走我心愛的分數，讓我看了就心疼。」（喬碩筠）

要結合兩個不同的語詞，有兩招。

第一招是把名詞當形容詞，「老師的紅筆像菜刀一樣」，菜刀般的紅筆，把菜刀當形容詞使用，你的思路就更廣了，你的表達

就更多樣了。否則，你會一直在具體的竹竿、水管、紅筆、菜刀身上打轉，一個無形的枷鎖就框住你了。

第二招，你要先設定一個場景，先設想這兩個語詞會在哪裡發生，是在客廳？在教室？在海灘上？還是大自然的現象？只要心裡打定一個地方，先設想一個發生地點，這兩個不相干的語詞，都可以「完美地」安排在你造的句子裡面。

只要掌握住以上兩招，任何不相干的語詞，都會「有理由地」結合在一起。

這就是創意技巧當中的「結合法」思維訓練，你仔細去看市面上的新產品，大都是使用結合法創造出來的，這個方法很簡單，很好用，你自己本身就具備，只不過現在提醒你要記得使用而已。

創意一點就通

試試看，你會造出很好玩的句子喔！每題寫出兩段話吧！

1. 樹葉、盤子

A.
B.

2. 指揮棒、原子筆

A.
B.

你也可以嘗試將成語結合一下，創造出新鮮的句子。

1. 交頭接耳、一石二鳥

A.
B.

2. 名落孫山、作威作福

A.
B.

3. 洗心革面、急公好義

A.
B.

4. 萬壽無疆、肝膽相照

A.
B.

第十六單元：哇！我每天都要吃這樣的便當。

　　只要你用心去想，你就可以創造出一些新花樣。像每天吃的便當一樣，菜餚的樣式與擺置每一家店幾乎都相同，每天吃這些便當，想像力都麻痺了。其實，你只要動一點點的巧思，或是設定主題，你一定可以變花樣的。例如：以卡通或漫畫為主題的午餐便當，經過適度的安排，可以做出以下的便當。

甚至，你如果是星光一班楊宗緯的歌迷的話，你也可以創造出以下的套餐。

有想法了嗎？如果還沒有其他的創意，沒有關係，以下十六個空格當中，事先放了用八個蔬果做造型的創意，用以激發你的想像力，你試著想看看，你可以參考這些創意的造型，也可以自

己另外創造一個新造型,把你的想法畫在空格內吧!總共有八個
套餐喔!

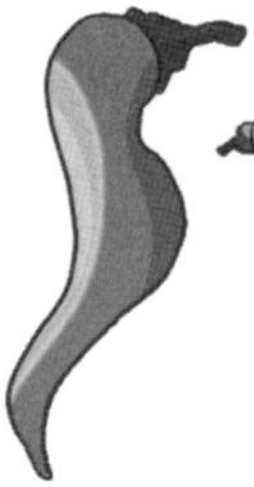	
	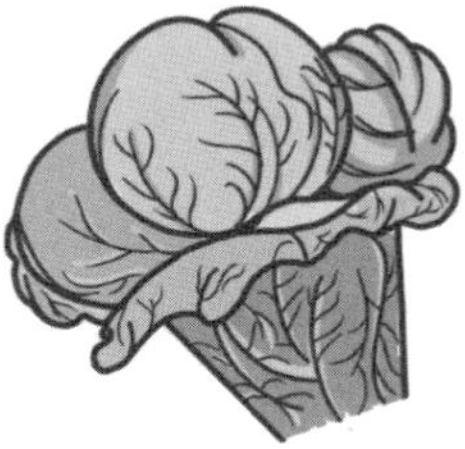
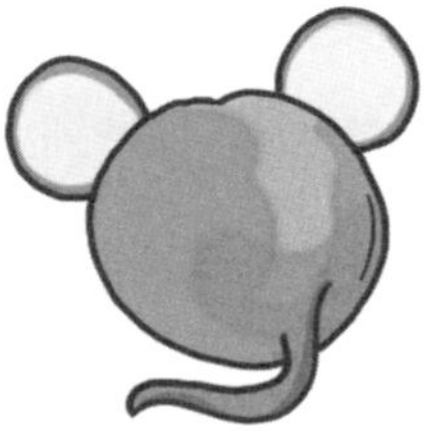	
	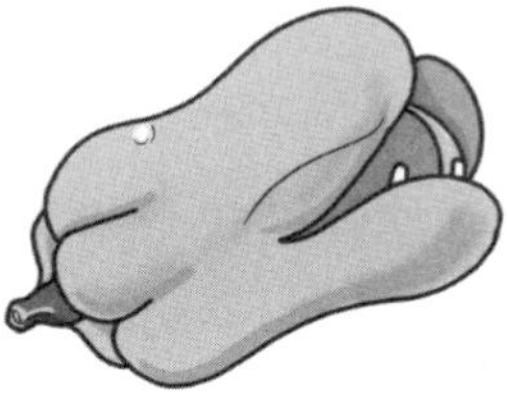

第十七單元：三個字詞都要在你編的故事或句子之內喔！

還記不記得第十五單元結合兩個語詞的那兩招？名詞變形容詞，設想一個場景？以及功能可以互換變通？

嘴巴有張愛吃的「大口」，垃圾桶張著「大口」，貪得無厭地猛吃垃圾，鳥籠緊閉「大口」不讓小鳥飛走。你可以在每一個物品找出一個共同的特徵，或是共同的功能；你也可以找到一個小小的特徵或功能，然後誇大它；你甚至可以找它的形狀像哪一種動物，然後移情到牠身上去；你可以去搜尋古代或現在哪一位名人曾經使用它，然後做一個時空變換；只要你想要思考，你可以抓取的聯想物太多，聯想與想像真的不難哩！不要怕。

如果你聯想到食物鏈這個概念，一看到「嘴巴」、「垃圾桶」和「鳥籠」，你就可以這麼寫：「一隻貓在垃圾桶中找到了一個鳥籠，鳥籠中又找到了一個嘴巴，那個嘴巴卻吃了那隻貓。」（吳政倫）

你也可以設想，這三個語詞如果在家裡客廳發生的話，那應該就會是「鳥籠中小鳥的嘴巴叫不停，媽媽一生氣，就把垃圾桶罩上去。」（郭容）

思考就是這麼一回事，在發想創意的時候，多去聯想一些各式各樣的事物，一些你曾經經歷過，或是讀過的情境，或是一些運作的原理，例如連鎖反應、比重、槓桿原理、畢氏定理、莫非

定律等等，就好像是一個人穿上一件新衣，所展現的態勢自然就不同。

千萬不要把創意想成是一種非常了不得的事情，你不必為你自己設下一個神聖不可侵犯的目標，諸如要開發出「前無古人」的創意，只要沾上一點點別人已經想過的表現就放棄，這是標準的「作繭自縛」；創意，就是利用眾多傳統已知的事物重新組合一下，或是將別人的創意添加一些新元素，就可以展現不一樣的風情，想創意是很簡單的事。不要怕！

所以，當你看到蝸牛和貝殼這兩個動物，牠們都有一個共同的特徵——有外殼，如果遇到危險，誰比較慘？想辦法做些聯想吧！

如果這個場景發生在餐桌上，主角是一個小男孩，他會怎麼對待蝸牛和貝殼？

如果蝸牛是一個人的綽號，他拿著貝殼做什麼？

如果貝殼被丟在垃圾場內，遇到蝸牛經過，牠們會有什麼對話？

如果這個場景發生在教室裡面，又會發生哪些情況呢？蝸牛，貝殼，危險，可能會成為「貝殼請你用迴聲告訴我，我那像蝸牛般小的字體，有沒有被老師罵的危險。」（甘嘉蕙）

貝殼可以聯想有很硬的殼，所以耐撞；但是也可以聯想其迴

聲，可以用告知的功能。

　　蝸牛可以聯想很慢、很脆弱，所以很容易被壓扁；但是也可以聯想其體積小，很難辨識。

　　在教室的場景，可以描述同學的上課情況，也可以描述師生之間的關係。

　　經過這樣的引導，你應該對於「想創意」這件事有些釋懷了吧！

很有趣吧！你也可以試著寫寫看，強迫結合三個語詞所寫出來的句子，絕對是超乎你既有的觀念框架的。記得每一題要寫兩段喔！

1. 鞋子、眼鏡、調色盤

A.	
B.	

2. 抹布、立可白、刺激

A.	
B.	

3. 襪子、鐵絲、寒冷

A.	
B.	

你也可以嘗試將兩段童話結合，編造出有趣的新童話故事。

1. 小紅帽、醜小鴨

A.	
B.	

2. 羅密歐與茱麗葉、白雪公主、三隻小豬

A.	
B.	

3. 嫦娥奔月、牛郎織女

A.	
B.	

創意加油站(18)

◇◇◇

有需求，就有市場；不方便的地方，經常就是創意來源。

沒有空燒開水泡茶，而且還要放涼才能喝，怎麼辦？

立頓開發出一種可以用冷水沖泡的茶包。

沒有空間時使用牙膏和漱口水，怎麼辦？

高露潔推出一種「二合一」牙膏，潔牙同時保持口氣清新。

沒有空烹煮早餐，怎麼辦？

吃早餐時，把穀物脆片加進牛奶裡面，隨時可以享受營養早餐。

想想身邊的不方便與不愉快，真的遇到了，不要忙著抱怨，開始去思考改善之道，只要解決了，就是創新發明。

◇◇◇

第十八單元：隨便抓兩隻動物，也可以編一篇漫畫故事。

以下的連環漫畫是我向我女兒講的床邊故事，我那時候亂編的，隨便拿長頸鹿和鯨魚亂兜在一起，故事大意是長頸鹿厭煩每天在這裡吃樹葉，想要跑到其他地方看看新鮮的事物，結果遇到鯨魚，鯨魚就帶著長頸鹿遨遊大海，最終到了一個小島，長頸鹿就在這個小島上生活，三百年後，考古學家都在納悶，這個小島上怎麼會有長頸鹿呢？我大女兒在就讀七年級（國一）的時候，就畫了以下的小故事本。

很簡單吧！要創造一個感覺很新鮮的故事，其實很簡單，以下列舉了七個組合，你可以隨意挑一個來編一段小故事，三百字左右的故事就好，一定很精彩的，如果能夠畫一些插圖會更生動喔！

1. 大象＋海鷗。

2. 海狗＋電磁爐。

3. 蝴蝶＋蝴蝶結＋蝴蝶袖。

4. 烏鴉＋烏龜＋烏魚。

5. 草莓＋北極熊。

6. 獅子＋禿鷹。

7. 青蛙＋仙人掌。

創意加油站(19)

一樣的物品，身處於不同環境，就有不同的用途。

戰時，直升機是最佳的戰術武器，但是它也是紐西蘭人拿來牧羊的工具，也是大老闆飛往外島度假的交通工具。

旅館，雖然是短暫落腳之處，也可以成為永久住所，各風景特區之五星級旅館旁邊，多有附屬建築物，供有錢人使用。

玻璃纖維，可以用來製造釣魚線、音響絕緣設備、防火設備，以及空氣濾淨機等。

一個內建領航電腦與攝影機的機器人能做什麼？它可以應用在人類（或狗）無法前往的險境，例如被地震摧毀的建築物，或深入火災、化學災害等現場。

第十九單元：給你一大堆動詞，就有一大堆新產品創意。

一個簡單的產品，利用動詞進行聯想，就會有很多新想法。

以保溫瓶為例，利用九個動詞來聯想：其他用途？借用？改變？擴大？縮小？代用？重新調整？顛倒？組合？應該可以聯想出一些新功能的保溫瓶。

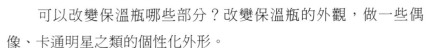

保溫瓶有什麼其他用途？因為保溫瓶裡面有熱氣，如果做適當的設計，可以蒸臉哩！

保溫瓶可以借用什麼？可以借用太陽能做些微的保溫功能。

可以改變保溫瓶哪些部分？改變保溫瓶的外觀，做一些偶像、卡通明星之類的個性化外形。

保溫瓶哪些部分可以擴大？將保溫瓶分為左右或上下兩層，分裝兩種液體。

如果縮小保溫瓶呢？可以做一個保溫杯。

保溫瓶哪些部分可以拿其他材料代用？外殼可以使用木頭，展現自然形象。

可以重新調整保溫瓶哪些部分？可以調整保溫瓶的尺寸比例，拉長或傾斜一點，做得更為新潮流行感。

如果顛倒保溫瓶的話？將保溫瓶的瓶口朝下，就可以在其下方接引開水，不再需要額外的電力抽取上來。

什麼東西可以和保溫瓶組合？如果保溫瓶結合溫度濕度計，我們一邊取水喝，一邊還可以知道現在的溫濕度，甚至知道你喝的水現在是幾度呢！

九個動詞，就可以激發九個以上的新產品概念，很簡單吧！

你也來試試看，以花瓶為例，利用這些動詞，可以發展出哪些新型的花瓶？每一個動詞想兩個創意吧！

花瓶 → 其他用途？

| |
| |
| |

花瓶 → 借用？

| |
| |
| |

花瓶 → 改變？

花瓶 → 擴大？

花瓶 → 縮小？

花瓶 → 代用？

花瓶 → 重新調整？

| |
| |
| |

花瓶 → 顛倒？

| |
| |
| |

花瓶 → 組合？

| |
| |
| |

第二十單元：給你一大堆形容詞，也有一大堆新產品創意。

一個簡單的產品，使用形容詞也會有一堆創新的想法。

以音響為例，加上六個形容詞聯想：女性的、警覺的、乾淨的、裸體的、木紋般的、裝飾的，就會有六種以上新造型或新功能的音響。

女性的音響，女性同胞最喜愛顏色的音響，專為女性特有聽覺喜好設計的音響，造型最女性的音響⋯⋯

警覺的音響，對環境變化自動調整音量的音響，具有防盜警報功能的音響等等⋯⋯

乾淨的音響，造型簡潔洗練的音響，施以光觸媒奈米粉體在機體表面上、自潔性高的音響⋯⋯

裸體的音響，機殼透明化，可以看到裡面機件運作的音響⋯⋯

木紋般的音響，皮紋表面的音響，豹紋表面的音響，沙灘上白砂表面的音響⋯⋯

裝飾的音響，巴洛克、洛可可風格的音響，漢代畫像磚表現風格的音響，原住民圖案的音響⋯⋯

如果給你一百個形容詞，保證有一百個以上的新造型想法，有創意的想法其實很簡單，只要有題目，就會有想法，以下還是給你那六個形容詞，想一想筆筒，你會有哪些新想法？每個形容詞至少想兩個創意吧！

筆筒 → 女性的

| |
| |

筆筒 → 警覺的

| |
| |

筆筒 → 乾淨的

| |
| |

筆筒 → 裸體的

| |
| |

筆筒 → 木紋般的

筆筒 → 裝飾的

附錄二：教師專用的創意教學作業二十單元

255

國家圖書館出版品預行編目資料

創意一點就通 / 原來著.
--初版.--臺北市：心理，2009.10
面；　公分.--（創造力；31）

ISBN 978-986-191-298-1（平裝）

1. 創造思考教學　2. 創意

521.426　　　　　　　　　　98014823

創造力 31　　**創意一點就通**

****

作　　　者：原　來

內 文 繪 圖：陳柏彣、韓亞珍

責 任 編 輯：晏華璞

執 行 編 輯：李　晶

總　編　輯：林敬堯

發　行　人：洪有義

出　版　者：心理出版社股份有限公司

社　　　址：台北市和平東路一段180號7樓

總　　　機：(02)23671490　傳　　真：(02)23671457

郵　　　撥：19293172　心理出版社股份有限公司

電 子 信 箱：psychoco@ms15.hinet.net

網　　　址：www.psy.com.tw

駐 美 代 表：Lisa Wu　　tel:973 546-5845　fax:973 546-7651

登　記　證：局版北市業字第 1372 號

電 腦 排 版：普林特斯資訊有限公司

印　刷　者：禾耕彩色印刷有限公司

初 版 一 刷：2009年10月

****

定價：新台幣250元　　■有著作權·侵害必究■

ISBN　978-986-191-298-1